Das tierfreundliche Kochbuch

Hin zur Natur

Das tierfreundliche Kochbuch

Hin zur Natur

**Gabriele-Verlag
Das Wort**

Der freie universale Geist ist
die Lehre der Gottes- und Nächstenliebe
an Mensch, Natur und Tieren.

Das tierfreundliche Kochbuch

möchte dazu beitragen, dass immer weniger Tiere,
die unsere Mitgeschöpfe sind, unter dem Menschen zu leiden haben.

Wir möchten insbesondere denjenigen, die von Fleischnahrung
Abstand nehmen wollen, die Umstellung erleichtern, indem wir ihnen eine große Vielfalt
an schmackhaften Rezepten anbieten.

Bei allen Rezepten dieses Buches wurde aus Achtung und Liebe zu den Tieren
auf Eier, Milchprodukte und andere Zutaten tierischen Ursprungs verzichtet.
Auf Wunsch vieler Leser sind in das *Tierfreundliche Kochbuch*
auch Backrezepte aufgenommen worden.

Alle Rezepte und Hinweise verstehen sich als Vorschläge und Anregungen
zu weiteren Variationen nach Ihrem Belieben. Ihre Gerichte gelingen natürlich
besser, wenn Sie qualitativ hochwertige Lebensmittel verwenden.
(Eine kleine Produktempfehlung finden Sie am Ende dieses Buches.)

Als Ergänzung ist dem *Tierfreundlichen Kochbuch* eine 24-seitige Broschüre
mit Rezepten für schmackhafte, herzhafte *Soßen, Dressings und Dips*
zur Verfeinerung Ihrer Lieblingsspeisen beigefügt.

5. Auflage November 2013
© Gabriele-Verlag Das Wort GmbH

Max-Braun-Str. 2, 97828 Marktheidenfeld
Tel. 09391/504-135, Fax 09391/504-133
www.gabriele-verlag.com

Bildnachweis - Fotos: S. 5, 6, 7, 19, 21, 23, 25, 27, 29, 31, 33, 35, 39, 41, 45, 47, 49, 51, 53, 63, 67, 73, 75, 77,
85, 89, 93, 99, 101, 105, 107, 109, 111, 113, 121, 123, 135, 137, 147, 149, 151, 153, 159, 165,
169, 177, 179, 181, 187, 189, 191, 197: © Christian Teubner

Fotos: Umschlag, S. 57, 59, 61, 157, 165: © Christine Fleurent

Fotos: S. 22 © Nikola bilic, fotolia.de, S. 28 © Svenjy98, fotolia.de, S. 30 © africa studio, fotolia.de,
S. 44, 194, 196 © margo555, fotolia.de, S. 48, 60, 64 (Banane), 94 © Elena Schweitzer, fotolia.de,
S. 560 © Anna Khomulo, fotolia.de, S. 58 © Attila Németh, fotolia.de, S. 64, 108, 192 © Natika,
S. 72 © Valeriy, fotolia.de, S. 74 © Anna Kucherove, S. 100 © photocrew, fotolia.de

Fotos S. 13, 15, 17, 37, 43, 55, 65, 69, 71, 79, 81, 83, 97, 91, 95, 97, 103, 115, 117, 119, 125, 127, 129,
131, 133, 139, 141, 143, 145, 155, 157, 161, 167, 173, 175, 183, 185, 193, 195, 199, 201, 203,
alle übrigen kleinen Bilder, Schritt-für-Schritt-Bilder und Illustrationen:
© Gabriele-Verlag Das Wort, Marktheidenfeld

Druck: KlarDruck GmbH, Marktheidenfeld

Inhalt

Alphabetisches Inhaltsverzeichnis

Das tierfreundliche Kochbuch
Hin zur Natur

Vorwort

Als im Jahre 2001 die erste Auflage des „Tierfreundlichen Kochbuchs – Hin zur Natur" erschien, da wurde vielerorts Vegetarismus noch mit einem mitleidigen Lächeln quittiert und Vegetarier hämisch aus dem Augenwinkel angesehen, denn sie waren in den Augen vieler eine Art Außenseiter – Gesundheitsfanatiker oder Weltverbesserer. Das Wort „vegan", als die Bezeichnung für eine Ernährung vollständig ohne tierische Produkte (wie Milch, Käse, Eier), war damals im allgemeinen Sprachgebrauch kaum geläufig.
Heute ist „Das Tierfreundliche Kochbuch – Hin zur Natur" ein Klassiker unter den zahllosen veganen Kochbuch-Neuerscheinungen.

Der allgemeine Trend zur vegan-vegetarischen Ernährung ist nicht mehr zu übersehen. Immer mehr Menschen gelangen zu der Überzeugung, dass wahre Tierliebe nicht bei Hunden und Katzen aufhört, sondern beziehen Schweine, Kühe, Hühner, Gänse als fühlende Mitgeschöpfe mit ein. Der Wunsch, vegetarische und vegane Gerichte auszuprobieren und somit tierfreundlich zu kochen, wächst stetig. Das Tierfreundliche Kochbuch, das bereits in der 5. Neuauflage erscheint, ist hierbei ein zuverlässiger Küchenhelfer. Es zeigt, dass der Schritt hin zur tierfreundlichen Ernährung gar nicht so groß ist. Denn die Tricks und Kniffe zu einer delikaten und wohlschmeckenden fleischlosen Küche sind durchaus keine Geheimnisse und auch nicht schwierig im Alltag umzusetzen, wie Sie bei den Rezepten in diesem Kochbuch selbst feststellen können.

Doch nicht nur die abwechslungsreiche und schmackhafte Küche spricht für eine vegan-vegetarische Ernährung – es gibt viele weitere Gründe, über die weltweit immer mehr Menschen nachdenken:

Die medizinische Forschung auf allen Kontinenten gewinnt immer klarere Erkenntnisse darüber, dass tierische Nahrung grundsätzlich für den Menschen ungesund ist, und dass ein Großteil der modernen Zivilisationskrankheiten auf eine Überfütterung mit tierischen Eiweißen zurückzuführen ist.
Gleichzeitig leiden weltweit 1 Milliarde Menschen an Hunger – wegen des übermäßigen Fleischkonsums der Industrieländer. Würde die gesamte Getreideernte zu Nahrungsmitteln verarbeitet statt zu Futtermitteln für Rinder, Schweine oder Geflügel, dann könnten vier Milliarden Menschen zusätzlich ernährt werden.

Wenn du für das Leben bist,
dann bist du auch in der Einheit und in der Liebe verbunden
mit dem Innersten in deinem Nächsten und ebenfalls mit der Liebe
in den Tieren, in den Pflanzen und in den Mineralien.
(Gabriele)

Weitere Überlegungen bei der Auswahl unserer Nahrungsmittel betreffen die Umweltschäden, die durch den Fleischkonsum verursacht werden. Allein die Auswirkung auf das Klima ist verheerend: Die Viehzucht hat insgesamt einen Anteil von 18 Prozent CO_2-Äquivalenten am Treibhauseffekt – dieser Anteil ist höher als der des gesamten Verkehrswesens weltweit.
(Ausführliche Informationen finden Sie in der Broschüre „Esst kein Fleisch! Warum?", die wir Ihnen gerne gratis zusenden.)

Eine zunehmende Rolle spielen ethische Überlegungen in Bezug auf unsere Mitgeschöpfe, die Tiere. Weltweit beginnen Menschen zu erkennen, dass es nicht richtig sein kann, die Speisekarte ihrer täglichen Ernährung mit dem Blut anderer Lebewesen zu tränken, und immer mehr Menschen stehen der grotesken Massentierhaltung, den grausamen Tiertransporten und der brutalen Schlachtindustrie verständnislos und oftmals schockiert gegenüber.

In dieser Zeit der Hartherzigkeit des Menschen gegen die Tiere und Pflanzen schaut Gott, der Ewige, der Schöpfer allen Lebens, nicht tatenlos zu. Vor nahezu 40 Jahren sandte Er erneut einen großen Propheten zu uns Menschen – es ist Gabriele, Seine Prophetin und Botschafterin in unserer Zeit. In unzähligen Offenbarungen lehrt Er insbesondere die Einheit allen Lebens, die Gottes- und Nächstenliebe, die auch die Tiere, Pflanzen und Mineralien, ja die gesamte Natur mit einschließt. Eine vegan-vegetarische Ernährung ist Teil dieser universalen Ethik, die Gott Seinen Menschenkindern heute wieder nahe bringt. Wenn Sie sich für die Lehren des Gottesgeistes in unserer Zeit interessieren, finden Sie eine Auswahl an Literatur-Empfehlungen am Ende dieses Buches.

Seit Jahrzehnten verleiht Gabriele in zahlreichen Veröffentlichungen den Tieren eine Stimme. Sie beschränkt sich jedoch nicht auf das Wort allein, sondern lässt Taten folgen: Im Rahmen der *Internationalen Gabriele-Stiftung* baute und baut sie ein Land des Friedens auf, die Hoffnung für die Erde: eine intakte Natur, in der Pflanzen und Tiere aufatmen, weil Menschen ihnen Achtung und Fürsorge entgegenbringen. Lesen Sie mehr darüber auf den nächsten Seiten.

Wir wünschen Ihnen viel Freude beim tierfreundlichen Kochen!

Die Symbiose von Mensch, Natur und Tieren

Wo Tiere nichts zu befürchten haben, fassen sie wieder Vertrauen in die Menschen. Man kann sie am hellen Tag auf den Wiesen beobachten.

Der Mensch hat viel Leid über die Erde und seine Bewohner, die Tiere, gebracht. Durch Ausbeutung und Vergiftung der Böden, durch barbarische Tierversuche und nicht zuletzt durch seine Essgewohnheiten. Milliarden Tiere fallen jedes Jahr der Gaumenlust des Menschen zum Opfer.

Die Internationale Gabriele-Stiftung, gegründet von Gabriele, der Prophetin und Botschafterin Gottes in unserer Zeit, wirkt diesem Leid entgegen und setzt sich weltweit für die Wiedergutmachung an Natur und Tieren ein.

Das Land des Friedens

Auf dem Land des Friedens, das die *Internationale Gabriele-Stiftung* im Herzen Deutschlands aufbaut, haben Tiere und Menschen das gleiche Lebensrecht. Schafe, Rinder oder Gänse dürfen in Würde alt werden. Frei lebende Tiere wie Rehe, Hasen oder Vögel erhalten wieder ihren ursprünglichen Lebensraum zurück.

In wenigen Jahren ist ein Biotopverbund von überwältigender Schönheit entstanden: Waldstücke, Feuchtbiotope, Wiesen und Streuobstwiesen liegen malerisch in einer hügeligen Landschaft, verbunden durch kilometerlange Heckenzüge, in denen Wildtiere Schutz und Nahrung finden. Gemäß der Goldenen Regel des Jesus von Nazareth „Was ihr wollt, dass andere euch tun sollen, das tut ihr ihnen zuerst" werden Tiere vor dem Schlächter gerettet, um ihnen ein Leben in Würde zu ermöglichen. Denn genau wie Hunde und Katzen eine innige und tiefe Freundschaft zu uns Menschen aufbauen können, möchten alle Tiere mit uns in Frieden und Einheit leben.

Hier haben Tiere Vorfahrt: Der Biotopverbund auf dem Land des Friedens

Der Beginn einer neuen Zeit!

Noch ist das Land des Friedens klein, und viele Tiere warten auf Zuzug. Menschen in aller Welt, die ein Herz für Tiere haben, wirken mit, dass das Land des Friedens, die Symbiose von Mensch, Natur und Tieren weiter wachsen kann. Viele Einrichtungen konnten durch die Mithilfe vieler Förderer in den letzten Jahren geschaffen werden, z.B. eine Auffang- und Pflegestation für Tiere, sowie das Seniorenparadies „Helfende Hände für Tiere", in dem betagte Tiere ihren Lebensabend in Würde verbringen können.

Das Beispiel des Landes des Friedens setzt sich fort. In vielen Ländern der Erde beginnen Menschen, nach dem Vorbild des Landes des Friedens in Deutschland einen neuen Umgang mit der Natur und den Tieren zu praktizieren. Besonders in den *Internationalen Gabriele-Stiftungen* in Afrika werden nach dem Vorbild der Mutter-Stiftung in Deutschland die Ziele für Natur und Tiere in die Tat umgesetzt, z.B. in der friedfertigen Bewirtschaftung der Felder. Es werden Baumschulen angelegt und Bäume gepflanzt; die Kinder und Jugendlichen lernen, Pflanzen und Tiere zu achten, zu schützen und sie richtig zu pflegen. - Es ist der Beginn einer neuen Zeit.

Helfen Sie mit?
Die Tiere danken es Ihnen!

Gerne senden wir Ihnen eine umfassende Farbbroschüre über die Ziele und Aktivitäten der *Internationalen Gabriele-Stiftung* sowie über die Möglichkeiten, Tier-Patenschaften zu übernehmen, zu!

INTERNATIONALE GABRIELE-STIFTUNG

Max-Braun-Str. 2, 97828 Marktheidenfeld
Tel. 0049/(0)9391/504-427
www.internationale-gabriele-stiftung.de

Spendenkonto: Internationale Gabriele-Stiftung
Konto-Nr. 20 62 88, BLZ 673 900 00
Volksbank Main-Tauber
IBAN: DE 37 6739 0000 0000 2062 88
BIC: GENODE61WTH

Drei Igelkinder finden in der Pflegestation ein vorübergehendes Zuhause.

Überall wurden Futterstellen und Tränken für frei lebende Tiere eingerichtet.

Feuchtbiotope bieten den unterschiedlichsten Tierarten Lebensraum.

Äpfel

»Wir schenken dir unsere Lebensenergie!«

Ich bin ein goldener Apfel mit einem goldenen Herzen - prallvoll mit Lebensenergie! Ich schenke dir die Kraft der guten Erde, die Frische des Wassers, die Dynamik des Windes, die Strahlkraft der Sonne: Natur pur, ohne Mist und Gülle, ohne Klärschlamm, ohne Chemie, so, wie ich auf dem Land des Friedens wachsen und reifen durfte!

Aus mir kannst du nicht nur süße Speisen bereiten, sondern auch leckere pikante Gerichte. Wenn du mich roh isst, erfreut dich mein knackiger Biss und aromatischer Geschmack, und ich schenke dir viele Vitamine und Mineralien.

Himmel und Erde

Für 4 Personen

750 g mehlige Kartoffeln

250 ml Wasser

750 g Äpfel

1 EL Zucker

2 mittelgroße Zwiebeln

4 EL Sonnenblumenöl

Salz

Zubereitungszeit:

ca. 50 Minuten

Serviervorschlag:
Mit grünem Salat und Weißweinschorle, Apfelwein oder -saft

1 Kartoffeln schälen und in Würfel schneiden. Äpfel teilen, Kerngehäuse entfernen und vierteln.

2 Kartoffeln im Wasser 10 Min. zugedeckt köcheln. Äpfel dazugeben, mit dem Zucker bestreuen und weitere 20 Min. garen.

3 In einer Bratpfanne Sonnenblumenöl erhitzen und die fein gehackten Zwiebeln darin goldgelb braten.

4 Das Kartoffel-Apfel-Gemisch mit einem Kartoffelstampfer zu Mus stampfen, mit Salz abschmecken und in eine große Schüssel geben. Gebratene Zwiebeln darüber verteilen und sofort servieren.

Gefüllte Äpfel

Für 4 Personen

4 große Äpfel

4 große Zwiebeln

4 EL Öl

50 g Sesamsamen

Salz

Pfeffer, frisch gemahlen

Majoran

Zubereitungszeit:

ca.1 Stunde

Serviervorschlag:
Mit Salzkartoffeln und
frischem grünen Salat

1 Äpfel schälen, halbieren und entkernen. Die Zwiebeln schälen und kleinschneiden.

2 In einer Bratpfanne Zwiebeln in Öl anbraten, die Sesamsamen dazugeben und würzen.

3 Den Boden einer feuerfesten Schale mit 4 EL der Zwiebel-Sesam-Masse bedecken. Die Apfelhälften daraufsetzen.

4 Die Apfelhälften mit der Zwiebel-Sesam-Masse füllen und bei 180° C im Ofen ca. 30 Min. backen.

Apfel-Kartoffel-Pfanne

Für 4 Personen

300 g Kartoffeln

300 g Äpfel

150 g Zwiebeln

8 EL Öl

Salz, Majoran

Zubereitungszeit:

ca. 30 Min.

1 Kartoffeln und Äpfel schälen und in lange Stücke schneiden. Zwiebeln schälen und in dünne Ringe schneiden.

2 Die Zwiebeln im heißen Öl glasig dünsten, die Kartoffeln und die Äpfel nacheinander hinzufügen und mitdünsten. Mit Salz und Majoran abschmecken.

Indisches Curry-Gericht

Für 4-6 Personen

300 g Langkorn-Reis

600 ml Wasser

4 große Zwiebeln

2 Äpfel

1-2 Bananen

2 EL Rosinen

2 geh. EL Mehl

400 ml Reis- oder Hafermilch

4 EL Sonnenblumenöl

2-3 EL Currypulver

Chilipulver

Pfeffer, frisch gemahlen

Salz

3 EL Mandelblättchen

Zubereitungszeit:

ca. 35 Min.

Variante:

Mit Ananasstückchen und Kokosmilch.

Dazu aromatisierter Schwarztee

1 Den Reis in kochendes Salzwasser geben, aufkochen lassen und umrühren. Die Herdplatte ausschalten und den Reis zugedeckt noch ca. 25 Min. quellen lassen.

2 Zwiebeln kleinhacken. Äpfel schneiden, entkernen und kleinhacken. Banane schälen und in Rädchen schneiden, Rosinen waschen.

3 In einer Bratpfanne die Mandeln trocken erhitzen und rösten, bis sie goldbraun sind. Dann auf einem Teller auskühlen lassen.

4 Die Zwiebeln im heißen Sonnenblumenöl unter schnellem Wenden scharf anbraten. Das Currypulver dazugeben und ca. 5 Min. weiterbraten.

5 2 geh. EL Mehl daruntermischen. 400 ml Reis- oder Hafermilch dazugeben und aufkochen lassen. Äpfel, Banane und Rosinen gut untermengen. Auf kleiner Flamme 5 Min. fertigkochen. Bei Bedarf noch etwas Wasser dazugeben.

6 Mit Salz, Pfeffer und Chilipulver abschmecken - je nach Schärfe des verwendeten Currypulvers. Mit den Mandelblättchen dekoriert in einer vorgewärmten Schüssel zusammen mit dem Reis servieren.

Apfelküchlein

Für 4-6 Personen

4 Äpfel

3 EL Zucker

1 TL Zimt

Frittieröl

Für den Teig:

100 ml Bier oder kohlen-
säurehaltiges Mineralwasser

2 EL Zucker

100 ml Hafer- oder Reismilch

4-5 geh. EL Mehl

1 Messerspitze Backpulver

1 Prise Salz

50g Pflanzenfett
(geschmolzen, aber nicht heiß)

Zubereitungszeit:

ca. 50 Minuten

1 Die Äpfel schälen, entkernen und in 1cm dicke Ringe schneiden. 3 EL Zucker mit 1 TL Zimt vermischen.

2 Die Ringe mit der Zucker-und-Zimt-Mischung bestreuen und 1/2 Stunde ruhen lassen.

3 Alle Zutaten für den Teig der Reihe nach mit Schneebesen oder Mixer klumpenfrei vermischen. Die gewürzten Apfelringe in den Teig tauchen.

4 Nach und nach im heißen Frittieröl goldbraun backen. In noch warmem Zustand in der Zucker-und-Zimt-Mischung wenden. Schmeckt warm oder kalt.

Kokos-Vanille-Soße

Für 4-6 Personen

250 ml Kokosmilch

1 EL Weizenstärke

2 TL Zucker, etwas Wasser

60 g Margarine

Vanillearoma

Zubereitungszeit:

ca. 20 Minuten

1 Kokosmilch, Vanillearoma und Zucker in einem Topf vermischen und zum Kochen bringen. Weizenstärke im Wasser anrühren und hinzufügen.

2 Die Soße unter ständigem Rühren kurz kochen. Den Topf vom Feuer nehmen, die Margarine zergehen lassen und gut unter die Vanillesoße mischen.

Artischocken

Ich erfreue dich mit einem feinen Aroma und gebe, ob roh, ob gegart, deinem Körper viel Gutes: Folsäure, Vitamine, Kupfer, Eisen und anderes mehr. Auch meine Bitterstoffe sind für dich sehr wertvoll. Vielleicht bin ich nicht so bekannt, doch hier findest du wertvolle Hinweise, was du aus mir alles machen kannst.

»Ich habe ein gutes Herz. Es ist für dich!«

Artischockensalat

Für 4 Personen

4 große Artischocken
Saft einer halben Zitrone
Olivenöl
Salz
3 EL gehackte Petersilie
Pfeffer, frisch gemahlen

Zubereitungszeit:

ca. 30 Minuten

Serviervorschlag:
Dieses wenig bekannte Gericht eignet sich als Vorspeise oder als Salat. Nach Belieben auch Oliven und Kapern hinzufügen.

1 Die Stiele der Artischocken abschneiden, die harten Blätter rundum entfernen und die Spitzen abschneiden.

2 Die Artischocken sofort in den mit Wasser verdünnten Zitronensaft legen, damit sie nicht dunkel werden.

3 Artischocken halbieren und mit einem Löffel das Heu entfernen.

4 Artischocken in ganz dünne Scheiben schneiden, mit Olivenöl, Salz, Pfeffer und frisch gehackter Petersilie mischen.

Gefüllte Artischocken

Für 4-6 Personen

8 Artischocken

Saft von 2 Zitronen

3 Knoblauchzehen

Olivenöl

gehackte Petersilie
oder Pfefferminze

150 g Semmelbrösel

80 g schwarze Oliven

Salz

Pfeffer, frisch gemahlen

Zubereitungszeit:

ca. 60 Min.

Serviervorschlag:
Dazu können Sie
Reis servieren,
z.B. mit Safran,
aber auch Pellkartoffeln
oder gebratene
Auberginen.

Tipp:
Wollen Sie Artischocken
frisch aufbewahren, dann
stellen Sie sie einfach wie
Blumen mit dem Stiel in ein
Glas Wasser.

1 Die Stiele der Artischocken bis auf ca. 2 cm abschneiden, die harten Blätter rundum entfernen und die Spitzen abschneiden.

2 Mit einem Löffel das Heu aus den ganzen Artischocken vorsichtig herausheben.

3 Die Artischocken sofort in den mit Wasser verdünnten Zitronensaft legen, damit sie sich nicht verfärben.

4 Für die Füllung Semmelbrösel mit dem gehackten Knoblauch, Petersilie, den gehackten schwarzen Oliven, Salz, Pfeffer und Olivenöl vermischen.

5 Artischocken in der Mitte und zwischen den Blättern rundum salzen, vorsichtig füllen und die Blätter wieder zusammendrücken.

6 Das Öl in einer Auflaufform erhitzen und die Artischocken dicht aneinander mit den Stielen nach oben hineinsetzen. So viel Wasser zugießen, dass sie ca. 2 cm in der Flüssigkeit stehen. Bei 180° C im vorgeheizten Ofen ca. 30 Min. garen. Ab und zu mit der Flüssigkeit begießen.

Nudeln mit Artischocken

Für 4-6 Personen

400 g Nudeln
(Bucatini oder Spaghetti)

12 kleine Artischocken
(oder 6 große)

600 g Tomaten

1 Zwiebel

60 g Möhren

Pfeffer, frisch gemahlen

1 Knoblauchzehe

Salz

1 Zitrone

2 EL Olivenöl

Thymianblättchen

Zubereitungszeit:

ca. 45 Min.

Variante:
Verfeinern Sie
die Tomatensoße mit
2 Löffeln Pesto
oder Rucola-Soße.
Schmeckt einfach köstlich!
Dazu passt ein
trockener Weißwein.

1 Die Stiele der Artischocken abschneiden, die harten Blätter entfernen und die Spitzen abschneiden. Das Heu entfernen. Die Artischocken vierteln und sofort in Zitronenwasser legen.

2 Die Artischocken in einen Topf geben und mit Wasser knapp bedecken. Zitronensaft und Salz hinzufügen und ca. 15 Min. kochen.

3 Die Zwiebeln, die Knoblauchzehe und Möhren jeweils putzen und hacken. Tomaten in kleine Würfel schneiden.

4 Zwiebeln und Knoblauch in Öl andünsten, bis sie glasig sind. Möhren hinzufügen und ca. 10 Min. mitdünsten.

5 Inzwischen Bucatini oder Spaghetti in sprudelnd kochendem Salzwasser „al dente" kochen.

6 Die Tomaten mit in die Pfanne geben und das Ganze weitere 10 Min. dünsten. Mit Salz und Pfeffer abschmecken. Die Artischocken daruntermischen. Die Nudeln auf Tellern anrichten, die Soße darübergeben und mit den Thymianblättchen garnieren.

Auberginen

Mein fein-würziger Geschmack ist unvergleichlich. Meine vielen Freunde wissen, was gut ist! Ob gebraten, gebacken oder mit anderem Gemüse zubereitet, bringe ich immer etwas Besonderes auf den Tisch.

Ich liebe die Sonne und die Wärme, die mich wachsen und reifen ließen, und gebe sie an dich weiter. Die Erde schenkte mir die Mineralien für deinen Körper.

»Die Sonne gab mir ihre Kraft; ich gebe sie an dich weiter!«

Panierte Auberginen

Für 4 Personen

1 kg Auberginen

4 geh. EL Mehl

200 ml kaltes Wasser

150 g Paniermehl

Salz

Pfeffer

1/8 l Pflanzenöl zum Ausbraten

kleine Basilikumblätter zum Garnieren

Zubereitungszeit:

ca. 35 Minuten

Serviervorschlag: Servieren Sie dazu einen Tomaten-Dip.

1 Auberginen in ca. 1,5 cm dicke Scheiben schneiden, beide Seiten mit Salz bestreuen und ca. 20 Min. ruhen lassen.

2 Für die Paniercreme Mehl in Wasser klumpenfrei einrühren. Mit Salz und Pfeffer würzen.

3 Von den Auberginen die ausgetretene Flüssigkeit abtupfen. Die Scheiben zuerst in Mehl, dann in der Paniercreme und schließlich in Paniermehl wenden.

4 Öl in der Bratpfanne erhitzen. Scheiben goldgelb ausbacken. Für besonders krustige Panaden: den Paniervorgang vor dem Ausbacken ein 2. Mal wiederholen.

Gefüllte Auberginen

Für 4 Personen

2 Auberginen
(je ca. 350 g)

2 Zwiebeln

2 grüne Paprikaschoten

1 rote Paprikaschote

1 Knoblauchzehe

400 g Tomaten

40 g Pinienkerne

Pfeffer, frisch gemahlen

Salz

1 Messerspitze Cayennepfeffer

1 EL gehackte Petersilie

5 EL Olivenöl

gehackter Oregano

50 g Margarine

1/4 l Gemüsebrühe

Zubereitungszeit:

ca. 1,5 Stunden

Serviervorschlag:
Mit Reis, Nudeln
oder Salzkartoffeln

1 Die Auberginen in genügend Wasser bei starker Hitze ca. 10 Min. kochen. Dabei öfters wenden. Auberginen herausnehmen und der Länge nach halbieren.

2 Die Auberginen mit einem Teelöffel aushöhlen, so dass ein 1 cm dicker Rand bleibt. Das Fruchtfleisch in 1 cm große Würfel schneiden und beiseitestellen.

3 Zwiebeln in dünne Ringe schneiden, Knoblauch fein hacken. Die Paprikaschoten halbieren, die Samen entfernen. Dann in schmale Streifen schneiden. Die Tomaten würfeln.

4 In einer Pfanne die Zwiebeln und den Knoblauch im heißen Öl andünsten. Paprikastreifen und Auberginenwürfel hinzugeben und etwa 5 Min. weiter andünsten.

5 Mit Salz, Pfeffer und Oregano würzen. Die Tomatenstücke und die Pinienkerne unter das Gemüse rühren, zuletzt die Petersilie untermischen. Die Füllung in die ausgehöhlten Auberginen verteilen.

6 Eine Auflaufform einfetten, die Auberginen hineinsetzen und mit Margarineflocken belegen. Die Gemüsebrühe in die Form gießen und bei 200° C im vorgeheizten Ofen ca. 20 Min. garen.

Gebratene
Auberginen und Artischocken

Für 4-6 Personen

600 g Auberginen
200 g Artischocken
1 rote Paprikaschote
2 Zitronen
1 TL edelsüßes Paprikapulver
Pfeffer, frisch gemahlen
2 Knoblauchzehen
Salz
1 Messerspitze Cayennepfeffer
1 EL gehackte Petersilie
Olivenöl
Koriandergrün zum Garnieren

Zubereitungszeit:

ca. 1,5 Stunden

Serviervorschlag:
Ein leckeres Gericht als
Vorspeise oder Salat.
Servieren Sie dazu
einen Prosecco.

1 Die Auberginen quer in 1/2 cm dicke Scheiben schneiden. Auf beiden Seiten salzen und 30 Min. ruhen lassen.

2 Artischocken von den harten Blättern befreien, die Blattspitzen abschneiden, Heu herausnehmen. In Stücke schneiden und in Zitronenwasser bereitstellen.

3 Dressing: Den Saft einer halben Zitrone mit dem Paprikapulver, Cayennepfeffer, Pfeffer, Salz und Olivenöl in einer Schüssel gut mischen.

4 Paprika aushöhlen, in dünne Ringe schneiden und diese unter das Dressing mischen.

5 Von den Auberginenscheiben die ausgetretene Flüssigkeit abtupfen und sie dann in der Pfanne in Öl von beiden Seiten goldbraun braten. Auf Küchenpapier gut abtropfen lassen.

6 Artischocken in der Pfanne ca. 8 Min. unter mehrmaligem Wenden mit dem Knoblauch braten. Auberginen und Artischocken auf Tellern anrichten. Dressing darübergeben, mit gehackter Petersilie bestreuen. Mit Zitronenspalten und Koriandergrün garnieren.

Blumenkohl & Brokkoli

*W*ir sind Verwandte, die ursprünglich aus Asien kommen. Wir lassen viele Blütenknospen für dich wachsen. Daraus kannst du sehr bekömmliche Gerichte zubereiten, die viel Folsäure und Vitamine enthalten. Roh oder gegart, als Suppe, mit Reis oder Nudeln - wir schmecken einfach köstlich. Auch Kinder lieben uns!

»Wir wachsen für dich - ein Rosengruß der Natur!«

Rigatoni mit Brokkoli

Für 4 Personen

300 g Rigatoni-Nudeln

2 mittelgroße Zwiebeln, gehackt

2 Knoblauchzehen, fein gehackt

400 g Tomaten, gewürfelt

500 g Brokkoli-Röschen

2 EL Olivenöl

Streuwürze

Salz

frisch gemahlener Pfeffer

1 EL gehackte Basilikumblätter

Pinien- oder Sonnenblumenkerne

Zubereitungszeit:

ca. 45 Minuten

1 Die Zwiebeln und den Knoblauch schälen, kleinhacken und im heißen Öl glasig andünsten.

2 Die gewürfelten Tomaten hinzufügen, mit Streuwürze, Salz und Pfeffer würzen. 15 Min. bei kleiner Hitze köcheln lassen. Am Schluss Basilikum hinzufügen.

3 Brokkoliröschen auseinanderschneiden und 5 bis 8 Min. in kochendem Salzwasser kochen, herausnehmen und vorsichtig unter die fertige Sauce heben.

4 Nudeln im gleichen Salzwasser „al dente" kochen. Gut abtropfen lassen und unter die Brokkoli-Soße mischen. Mit gerösteten Pinien- oder Sonnenblumenkernen (s. Seite 102) dekorieren.

Blumenkohl im Bierteig

Für 4-6 Personen

1 Blumenkohl

300 ml Bier

200 g Mehl

Salz oder Streuwürze

Pfeffer, frisch gemahlen

Curry oder Safran

Zubereitungszeit:

ca. 40 Minuten

»Ich lebe!«

1 Den Blumenkohl putzen, waschen und in mittelgroße Röschen zerteilen.

2 In einem Topf mit genügend Wasser, Salz oder Streuwürze ca. 5 Min. kochen.

3 Bier mit Mehl und Gewürzen zu einem glatten Teig verrühren. Blumenkohlröschen aus dem Wasser nehmen und abtropfen lassen.

4 Blumenkohlröschen nacheinander durch den Teig ziehen und im heißen Öl 2 bis 3 Min. goldbraun frittieren. Aus dem Fett heben und abtropfen lassen.

Blumenkohlsalat

Für 4-6 Personen

1 Blumenkohl

1 EL Kapern

2 EL gehackte Petersilie, Thymian und Schnittlauch

1 EL gehackte Zwiebel

Essig, Olivenöl

Salz

Pfeffer, frisch gemahlen

1 Blumenkohl putzen, waschen und in ganz kleine Röschen zerteilen.

2 Kapern, gehackte Kräuter und Zwiebeln, Olivenöl, Essig, Salz und Pfeffer gut vermischen und mit den Röschen vermengen. Kurz durchziehen lassen.

Fenchel

Ich bin eine frische, knackige Knolle und trage in mir die Kraft der Erde und des Wassers. Mein würziger Geschmack und mein angenehmer Duft erfrischen dich, wenn du mich roh zubereitest; doch auch gekocht schmecke ich ausgezeichnet!

Ich helfe dir bei der Verdauung, und aus meinen Samen kannst du einen gesunden Tee, auch für deine Kinder, zubereiten.

»Wir schenken dir unsere Frische!«

Fenchel à l'orange

Für 4 Personen

3 EL Margarine

2 Zwiebeln

2 große oder 4 kleine Fenchel

2 Orangen (ungespritzt)

200 ml Orangensaft

Pfeffer

Salz

Streuwürze

Zubereitungszeit:

ca. 30 Minuten

Serviervorschlag:

Reichen Sie dazu Reis oder Salzkartoffeln und z.B. einen trockenen Weißwein.

1 Fenchel vierteln oder halbieren. 1 EL Margarine in der Bratpfanne erhitzen.

2 Zwiebeln fein dazureiben und dämpfen. Fenchel hinzufügen und mitdämpfen.

3 Den Orangensaft darübergießen und etwas einkochen lassen. Das Ganze nach Belieben würzen und zugedeckt auf kleiner Flamme knapp 15 Min. weichkochen. Währenddessen die Orangen fein schneiden.

4 Den Fenchel herausnehmen, die geschnittenen Orangen darüber anrichten und im Ofen warmstellen. Die Kochflüssigkeit bis auf die Hälfte einkochen lassen; mit dem Schneebesen 2 EL Margarine unterrühren.

Fenchelgemüse mit schwarzen Oliven

Für 4-6 Personen

1 kg Fenchel

300 g Tomaten, gewürfelt

1 mittelgroße Zwiebel, gehackt

2 Knoblauchzehen

eine Handvoll schwarze Oliven

1/8 l trockener Weißwein

6 geh. EL Semmelbrösel

Streuwürze

Thymian, Rosmarin

Lorbeerblatt

1 TL Salz

Pfeffer, frisch gemahlen

2 EL Olivenöl

etwas Pflanzenfett

Zubereitungszeit:

ca. 1,5 Stunden

Serviervorschlag:
Zu Nudeln, Reis oder einfach nur frischem, hellem Brot

1 Den Fenchel waschen, Wurzelansatz und Stängel abschneiden, der Länge nach vierteln. Fenchelgrün beiseitelegen.

2 In sprudelnd kochendem Salzwasser 5 Min. kochen, dann herausnehmen und abtropfen lassen.

3 Auflaufform mit etwas Pflanzenfett ausstreichen, Thymian, Rosmarin und das Lorbeerblatt auf den Boden der Form legen. Die Fenchelstücke darauf verteilen und mit Salz und Pfeffer würzen.

4 Mit dem Weißwein übergießen und bei 200° C im vorgeheizten Ofen etwa 10 Min. garen.

5 Inzwischen Zwiebeln in heißem Öl kurz anbraten, Tomaten und den fein gehackten Knoblauch 1 Minute mitdünsten. Mit etwas Streuwürze abschmecken und mit den Oliven über den gegarten Fenchel verteilen.

6 Die Semmelbrösel mit dem fein gehackten Fenchelgrün vermischen und über das Ganze streuen. Weitere 15 bis 20 Min. im Ofen überbacken. Nach Bedarf zwischendurch noch etwas Wein nachgießen.

Getreide

*W*ir sind klein, doch in uns kleinen Körnern steckt eine wunderbare Kraft! Diese Kraft schenken wir dir gerne, nicht nur im Brot, sondern auch in vielen anderen Gerichten, die - wenn du sie mit Liebe zubereitest - die Kraft der Sonne und der Erde in sich bewahren. Der Regen gab uns zu trinken, der Wind strich über unsere Köpfe und trocknete uns wieder. Auch viele Kleinsttiere trugen zu unserem gesunden Wachstum bei, da wir von gutem Boden kommen, ohne Mist und Gülle, ohne Klärschlamm und ohne Chemie. Denke daran, wenn du uns zubereitest!

»Die Güte der reinen Natur ist unser Leben.«

Sonnenblumen-Bratlinge

Für 4 Personen

3 mittelgroße Zwiebeln

130 g Sonnenblumenkerne

500 ml Wasser

1 Handvoll Brotwürfel
(trockenes Weißbrot)

1 rote Paprikaschote, gewürfelt

1 Knoblauchzehe

Majoran

Streuwürze

Paniermehl

Bratöl

Salz

frisch gemahlener Pfeffer

1 EL gehackte Petersilie

Zubereitungszeit:

ca. 60 Minuten

1 Zwiebeln schälen, kleinschneiden und mit 2 EL Öl anbraten. Sonnenblumenkerne mit dem Mixer grob zerkleinern und mitbraten.

2 Mit Salz, Streuwürze, Pfeffer und Majoran würzen; 500 ml Wasser dazugießen und zum Kochen bringen.

3 Alles in eine Schüssel geben; Brotwürfel, klein gehackten Knoblauch, Petersilie und Paprikawürfel daruntermengen und ca. 15 Min. durchziehen lassen.

4 Mit Paniermehl abbinden, bis sich leicht Küchlein formen lassen. In heißem Öl ausbraten, bis diese knusprig braun sind.

Sonnenblumen–Klößchen

Für 4 Personen

3 mittelgroße Zwiebeln

130 g Sonnenblumenkerne

500 ml Wasser

1 Handvoll Brotwürfel
(trockenes Weißbrot)

1 rote Paprikaschote, gewürfelt

Majoran

Streuwürze

Paniermehl

Salz

frisch gemahlener Pfeffer

1 EL gehackte Petersilie

Zubereitungszeit:

ca. 60 Minuten

1 Zwiebeln schälen, kleinschneiden und mit 2 EL Öl anbraten. Sonnenblumenkerne mit dem Mixer grob zerkleinern und mitbraten.

2 Mit Salz, Streuwürze, Pfeffer und Majoran würzen; 500 ml Wasser dazugießen und zum Kochen bringen.

3 Alles in eine Schüssel geben, die Brotwürfel, die gehackten Kräuter und Paprikastücke daruntermengen und ca. 15 Min. durchziehen lassen. Mit etwas Paniermehl zu einem Teig kneten.

4 Aus der Masse kleine Kugeln formen und 15 Min. in heißer Gemüsebrühe ziehen lassen (nicht kochen!). Schmeckt gut mit einer Gemüsesoße (z.B. Karotten-Zwiebel-Soße auf S. 68), oder einer iBi-Soße (siehe Soßen-Broschüre) und zu Reis.

Croûtons

Für 4-6 Personen

Trockenes Brot
oder Brötchen

Sonnenblumenöl

Zubereitungszeit:

ca. 20 Minuten

1 Brot oder Brötchen in ca. 1cm große Würfelchen schneiden.

2 In etwas Pflanzenöl goldbraun rösten. Zu verwenden über Nudeln, Suppen und Salaten.

Brotküchlein

Für 4-6 Personen

4 Brötchen vom Vortag

1 Zwiebel

1/4 l Wasser

4 EL Semmelbrösel

1 EL Majoran

1 EL Petersilie

Muskatnuss

Pfeffer, frisch gemahlen

Salz

5 EL Sesamsamen

Bratöl

Zubereitungszeit:

ca. 1 Stunde

Variante:

Statt Petersilie und Majoran können Sie andere Kräuter Ihrer Wahl verwenden, z.B. Schnittlauch, Basilikum, Thymian, Liebstöckl ...

1 Brötchen kleinschneiden. Zwiebel schälen und kleinhacken.

2 Brötchenstücke im Wasser einweichen, mit Salz, Pfeffer und Muskatnuss abschmecken und mit den Semmelbröseln zu einem geschmeidigen Teig verarbeiten.

3 Die Zwiebeln und die Kräuter unter die Masse mischen und ca. 10 Min. durchziehen lassen.

4 Aus der Masse mit den Händen einzelne Bratlinge formen.

5 Bratlinge in Sesamsamen von allen Seiten wälzen.

6 Öl in einer Bratpfanne erhitzen und die Bratlinge darin goldbraun braten. Hervorragend zu gedünstetem Gemüse.

Gerstensuppe

Für 4-6 Personen

120 g Perlgraupen

1 Zwiebel

1 Karotte

50 g Lauch

1 bis 1,2 l Gemüsebrühe

20 g getr. Steinpilze
(oder 200 g frische
Steinpilze)

20 g Margarine

Pfeffer, frisch gemahlen

Salz

1 EL gehackte Petersilie

etwas Hafermilch

Zubereitungszeit:

Graupen über Nacht
einweichen

Vorbereitungszeit:
ca. 1 Stunde

Serviervorschlag:
Eine nahrhafte Suppe,
die mit Bauernbrot
serviert werden kann.

1 Graupen über Nacht in Wasser einweichen. Das Einweichwasser abgießen und die Graupen in einem Topf mit leicht gesalzenem Wasser ca. 15 Min. köcheln lassen, dann beiseitestellen.

2 Die getrockneten Pilze ca. 20 Min. in kaltem Wasser einweichen. Gut abtropfen lassen und kleinschneiden. Falls Sie frische Pilze haben, putzen Sie diese gründlich, und schneiden Sie sie.

3 Die Zwiebel und die Karotte schälen und kleinhacken. Den Lauch putzen und in feine Ringe schneiden.

4 In einem großen Topf die Margarine erhitzen und die Zwiebeln, die Karotten und den Lauch darin andünsten. Die Pilze dazugeben und weitere 5 Min. dünsten.

5 Die vorgekochten Graupen dazugeben und kurz mitdünsten.

6 Die Gemüsebrühe darübergießen und alles ca. 30 Min. köcheln lassen, bis die Graupen weich sind. Mit Salz und Pfeffer abschmecken und die Petersilie darüberstreuen. Bei Bedarf mit Hafermilch verfeinern.

Hirse-Risotto mit Gemüsestreifen

Für 4-6 Personen

200 g Hirse

2 Zwiebeln

500 g Möhren

30 g Petersilienwurzel

600 ml Gemüsebrühe

450 g Zucchini

450 g Stangensellerie

700 g Tomaten

1 Knoblauchzehe

Pfeffer, frisch gemahlen

Salz

6 EL Olivenöl

Thymian

Zubereitungszeit:

ca. 1 Stunde

1 1 Zwiebel, 1 Karotte und die Petersilienwurzel würfeln und in einem Topf in 2 EL heißem Öl andünsten.

2 Die Hirse dazugeben und kurz mitdünsten.

3 Die Gemüsebrühe darübergießen, kurz aufkochen lassen. Mit Salz und Pfeffer abschmecken. Im geschlossenen Topf bei kleiner Hitze 25 Min. garen.

4 Tomaten waschen und würfeln. Knoblauchzehe und die andere Zwiebel kleinschneiden und in einer Bratpfanne in 2 EL Öl glasig dünsten. Die Tomaten 5 Min. mitdünsten. Thymian untermischen.

5 Die restlichen Karotten schälen, Zucchini und Stangensellerie putzen. Das Gemüse der Länge nach in 1 mm dünne Streifen schneiden. Die Streifen in der Mitte halbieren.

6 Die Karottenstreifen in einer Bratpfanne in 2 EL heißem Öl 1 Minute braten, dann die Zucchini- und Stangenselleriestreifen 5 weitere Minuten mitbraten. Gemüsestreifen mit Salz und Pfeffer abschmecken und mit der Tomatensoße anrichten. Das Hirse-Risotto separat dazu servieren.

Grieß-Taler mit Kräutern

Für 4-6 Personen

1/2 l Wasser

Salz

150 g Weizengrieß

100 g Margarine

1 Knoblauchzehe

2 EL gehackte Kräuter
(z.B. Salbei, Rosmarin)

Muskatnuss

Pfeffer, frisch gemahlen

Für die Tomatensoße

500 g reife Tomaten

2 Zwiebeln

1 Knoblauchzehe

5 EL Olivenöl

Salz, Pfeffer, frisch gemahlen

Streuwürze

Zubereitungszeit:

ca. 1 Stunde

Variante:
Anstatt Weizengrieß
können Sie auch
Maisgrieß verwenden.

1 Wasser mit Salz zum Kochen bringen; Weizengrieß hineinrieseln lassen. Gleichzeitig kräftig rühren, damit sich keine Klumpen bilden. Ca. 20 Min. bei geringer Hitze köcheln, ab und zu rühren.

2 Den Brei mit Salz, Pfeffer und Muskatnuss abschmecken. Auf ein nasses Brett geben und 1 cm dick verstreichen. Abkühlen lassen.

3 Inzwischen für die Tomatensoße die Zwiebeln und den Knoblauch kleinschneiden und die Tomaten würfeln. Zwiebeln und Knoblauch in einer Bratpfanne im Olivenöl glasig andünsten.

4 Die Tomatenwürfel hinzufügen und ca. 20 Min. zugedeckt schmoren lassen. Mit Salz, Pfeffer und Streuwürze abschmecken. Zu den Grießtalern separat servieren.

5 Mit einem Glas oder einer Tasse runde Scheiben aus dem ausgekühlten Brei ausstechen. Eine Auflaufform mit der Margarine einfetten und die Taler dachziegelartig einschichten.

6 Die Margarine in einem Topf schmelzen lassen, die gehackten Kräuter und den fein geschnittenen Knoblauch darin anschwitzen. Über die Taler in der Auflaufform verteilen. Ca. 10 Min. bei 220° C im vorgeheizten Ofen überbacken.

Gurken

Auch wir sind Sonnenkinder aus dem Garten der friedfertigen Natur! Knackig und frisch sind wir, ohne Mist, Gülle, Klärschlamm und Chemikalien aufgewachsen; daher tun wir dir gut.

An heißen Sommertagen kannst du uns als Salat zubereiten; süß-sauer eingelegt bereichern wir viele Speisen; aber auch geschmort und gefüllt schmecken wir einfach hervorragend.

»Wir schenken dir unsere Frische!«

Gurkengemüse mit Tomaten

Für 4 Personen

1 kg Schmor- oder Salatgurken

2 Zwiebeln

1/8 l Weißwein oder Apfelsaft

400 g Tomaten

2 EL Olivenöl

1 TL edelsüßes Paprikapulver

Salz

frisch gemahlener Pfeffer

1 EL gehackter Dill

Zubereitungszeit:

ca. 40 Minuten

1 Die Gurken schälen, der Länge nach halbieren und in etwa 4 cm lange und 1 cm breite Streifen schneiden.

2 Die Zwiebeln schälen und achteln. In einer Pfanne Öl erhitzen und die Zwiebeln darin andünsten.

3 Die Gurkenstücke daruntermischen und kurz mitdünsten. Mit Weißwein ablöschen. Mit Salz, Pfeffer und Paprikapulver würzen und 15 Min. köcheln lassen.

4 Die Tomaten vierteln oder achteln und den Stielansatz entfernen. Unter die Gurken mischen und 5 Minuten mitdünsten. Mit Dill abschmecken.

Hinweis:
Das *Tierfreundliche Kochbuch* empfiehlt, das Gurkengemüse mit einem Löffel Mayonnaise ohne Ei zu verfeinern (z.B. iBi-naise).

Gefüllte Gurken

Für 4 Personen

2 Salatgurken

1 Zwiebel

150 ml Wasser

1 EL Essig

70 g Sonnenblumenkerne

1 Knoblauchzehe

2 EL Margarine

Salz

Pfeffer, frisch gemahlen

Zubereitungszeit:

ca. 1,5 Stunden

Serviervorschlag:

Als Vorspeise;
bei einem kalten Buffet

1 Die Gurken gut putzen und in schräge, ca. 4 cm dicke Scheiben schneiden und aushöhlen.

2 Sonnenblumenkerne im Mixer kleinhacken. Zwiebel, Knoblauchzehe schälen und kleinschneiden; den Gurkenrest kleinhacken.

3 In einem kleinen Topf die Sonnenblumenkerne mit Wasser, Essig, Knoblauch, Salz und Pfeffer aufkochen und 10 Min. quellen lassen.

4 Die Sonnenblumenmasse mit den Zwiebeln, dem Gurkenrest und 2 EL Margarine gut vermengen und fein pürieren. Gurkenscheiben damit füllen; gekühlt servieren.

Gurken-Smoothie

Für 4 Personen

2 Salatgurken

1 Knoblauchzehe

1 Zwiebel

1 Zitrone

Salz

1 TL Olivenöl

Pfeffer, frisch gemahlen

Dill

1 Die Gurken schälen und fein reiben. Die Knoblauchzehe schälen und pressen. Die Zwiebel schälen und kleinhacken.

2 Zusammen mit dem Saft der Zitrone und allen anderen Zutaten in eine Schüssel geben. Mit Stabmixer fein pürieren und eisgekühlt mit einer Scheibe Zitrone, auf den Glasrand gesteckt, servieren.

Hokkaido-Kürbis

»Ich lebe!«

Ich bin, wie du siehst, prall gefüllt mit Sonne, Licht, gesunder Lebenskraft und Lebensfreude! Aus mir kannst du leckere Gerichte kochen; z.B. köstliche Suppen, Gemüsepfannen - doch in mir steckt noch viel mehr! Und ich durfte in friedfertigem Landbau artgemäß wachsen. Daher schmecke ich besonders gut!

Hokkaido-Suppe

Für 4-6 Personen

1,5 kg Hokkaido-Kürbis

2 mittelgroße Zwiebeln, gehackt

1 l Wasser

0,5 bis 1 l Hafermilch
(evtl. durch Wasser ersetzen)

Sonnenblumenöl

Streuwürze

Salz, Pfeffer

Muskatnuss

Zubereitungszeit:

ca. 45 Minuten

Serviervorschlag:
Auch hervorragend als Curry-Gericht: 1 - 2 EL Currypulver dazumischen. Mit schaumig geschlagener Kokosmilch verfeinern.

1 Hokkaido-Kürbis waschen, evtl. Unreinheiten wegschneiden (nicht schälen). Samen mit einem Löffel herausholen.

2 Hokkaido-Kürbis in grobe Würfel schneiden. Zwiebeln hacken.

3 Zwiebeln in Sonnenblumenöl andünsten, Hokkaido-Würfel dazugeben und mitdünsten. Wasser hinzufügen, so dass alles gut bedeckt ist. Weiterkochen, bis die Würfel zerfallen.

4 Mit dem Stabmixer pürieren. Je nach Konsistenz der Suppe Hafermilch unterrühren. Mit Streuwürze, Salz, Pfeffer und Muskatnuss würzen.

Hokkaido-Gnocchi

Für 4-6 Personen

1 kg Hokkaido

Wasser

1 kg Kartoffeln

ca. 200 g Mehl

Salz

Muskatnuss

5 Salbeiblätter

5 EL Olivenöl

Zubereitungszeit:

ca. 1 Stunde

Serviervorschlag:

Servieren Sie dazu eine große Portion italienischen Salat und einen Chianti oder Fruchtsäfte nach Wahl.

1 Hokkaidos gut putzen, halbieren, aushöhlen und in Scheiben schneiden. Die Scheiben bei 170° C im vorgeheizten Ofen ca. 30 Min. garen.

2 Kartoffeln mit Schale in genügend Wasser ca. 30 Minuten weichkochen, schälen und durch Kartoffelpresse drücken. Zum Auskühlen die Masse auf eine Arbeitsfläche streichen (ca. 1 cm dick).

3 Hokkaido pürieren und auskühlen lassen, mit den Kartoffeln vermengen, mit Salz und Muskatnuss abschmecken. Zu einem Teig kneten und dabei so viel Mehl zufügen, bis der Teig beim Kneten nicht mehr klebt.

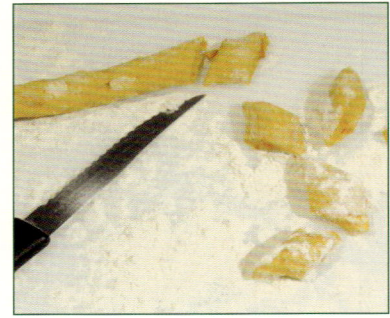

4 Aus dem Teig kleine Rollen drehen und die Rollen in kleine Gnocchi schneiden.

5 Die Gnocchi in leicht köchelndem Salzwasser kochen, bis sie an die Oberfläche steigen. Vorsichtig mit einem Schaumlöffel aus dem Wasser heben.

6 Öl und Salbeiblätter in einer Bratpfanne erhitzen und die Gnocchi kurz darin schwenken. Gleich servieren.

Hinweis:
Das Originalrezept sieht die
Verwendung von Parmesankäse vor.
Das *Tierfreundliche Kochbuch*
empfiehlt statt dessen geröstete
Mandeln oder Pinienkerne.

Hokkaido-Puffer

Für 4-6 Personen

1 kg Hokkaido

2-3 EL Weizenmehl

Muskatnuss

Salz

Pfeffer, frisch gemahlen

Bratöl

Zubereitungszeit:

ca. 30 Minuten

1 Hokkaido putzen, entkernen und das Fruchtfleisch grob raffeln.

2 Mit Salz, Pfeffer und Muskatnuss abschmecken und 10 Min. durchziehen lassen.

3 Zum Abbinden mit 2-3 EL Weizenmehl bestreuen, bis die geriebenen Hokkaidos zu Puffern geformt werden können.

4 Die Puffermasse portionsweise in heißem Öl knusprig braten.

Gebackene Hokkaidoscheiben

Für 4-6 Personen

1 großer Hokkaido

Rosmarin

Olivenöl

Salz

Pfeffer, frisch gemahlen

Zubereitungszeit:

ca. 30 Minuten

1 Hokkaido gut waschen, Unreinheiten entfernen, halbieren, aushöhlen und in Scheiben schneiden. Hokkaidoscheiben auf ein Blech legen.

2 Mit Olivenöl beträufeln, mit Salz, Pfeffer und Rosmarin gut würzen und im Ofen bei 220° C ca. 20 Minuten backen, bis die Scheiben gar sind.

Hokkaido-Salat

Für 4-6 Personen

700 g Hokkaido

1 mittelgroße Zwiebel

1 halbe grüne Paprikaschote

1 EL mittelscharfer Senf

Salz

Pfeffer, frisch gemahlen

2 EL Olivenöl

Wasser

Zubereitungszeit:

ca. 30 Minuten

1 Hokkaido waschen, entkernen und in kleine Würfel schneiden.

2 In kochendem Salzwasser 5 Min. kochen, abgießen und auskühlen lassen.

3 Zwiebel kleinschneiden, die Paprikaschote in dünne Streifen schneiden und zu den Hokkaidowürfeln geben.

4 Für die Soße Senf, Olivenöl, 2 EL Wasser und Salz mit Gabel oder Mixer zu einer homogenen Soße verrühren. Über den Salat gießen.

Hokkaido-Kartoffel-Brei

Für 4-6 Personen

1 großer Hokkaido

500 g Kartoffeln

ca. 300 ml Hafermilch

Muskatnuss, Salz

Pfeffer, frisch gemahlen

Zubereitungszeit:

ca. 45 Minuten

1 Hokkaido gut waschen, Unreinheiten entfernen, aushöhlen und in Scheiben schneiden. Auf einem Blech bei 200° C im Ofen ca. 20 Min. garen.

2 Kartoffeln mit Schale weichkochen, schälen und zusammen mit den Hokkaidoscheiben pürieren und würzen. Hafermilch erhitzen, dazugeben und alles unter kräftigem Rühren kurz aufkochen.

Hinweis:
Das *Tierfreundliche Kochbuch*
empfiehlt, den Hokkaidosalat
mit einem Löffel Mayonnaise
ohne Ei zu verfeinern (z.B. iBi-naise).

Hokkaido-Creme

Für 4-6 Personen

1 kg Hokkaidokürbis

1 l Wasser

1 TL Zimt

100 g Zucker

1 Messerspitze Vanillepulver

Kiwis oder andere Früchte
zum Garnieren

Zubereitungszeit:

ca. 1,5 Stunden

Serviervorschlag:
Servieren Sie dazu
die Kokos-Vanille-Soße
von Seite 18.

Variante:
Das gleiche Rezept
können Sie auch mit
Esskastanien (Maronen)
zubereiten.

1 Hokkaido putzen, entkernen und in grobe Würfel schneiden.

2 In 1 Liter Wasser weichkochen. Mit einem spitzen Küchenmesser probieren, ob sie gar sind.

3 Im Salatsieb abtropfen lassen. Dann in einer Schüssel mit dem Mixstab pürieren.

4 In einem Küchenhandtuch über Nacht abtropfen lassen. Mit Zimt, Zucker und Vanillepulver gut verrühren.

5 Durch eine geeignete Presse zu „Vermicelles" direkt auf den Dessertteller pressen.

6 Nach Belieben mit Früchten und Plätzchen garnieren.

Karotten

»Ich bringe deine Augen zum Leuchten!«

Mache die Erfahrung, was alles in mir steckt! Viel Vitamine, die deine Augen zum Leuchten bringen, und viele Mineralien, die deinen Körper stärken. Ich lache dich an mit meiner fröhlichen Farbe und schenke dir Freude in vielen Gerichten, roh oder gekocht, als Vorspeise, als Suppe, als Eintopf, Salat oder auch süß abgeschmeckt. Für kleine Kinder werde ich oft püriert. Ich bin gesund und bekömmlich, insbesondere wenn ich auf natürliche Weise im friedfertigen Anbau wachsen und reifen durfte.

Feine Karotten-Suppe

Für 4-6 Personen

500 g Karotten

3 mittelgroße Zwiebeln

800 ml Gemüsebrühe

40 g Margarine

Saft und abgeriebene Schale einer Orange (unbehandelt)

etwas Hafermilch

Salz

Pfeffer, frisch gemahlen

gehackte Minze zum Garnieren

Zubereitungszeit:

ca. 45 Minuten

1 Zwiebeln in Ringe schneiden und in der Margarine andünsten, bis sie glasig aussehen.

2 Karotten in Stückchen schneiden und mit den Zwiebeln dünsten.

3 Die Brühe dazugießen und ca. 15 Min. zugedeckt sanft köcheln lassen. Orangensaft und abgeriebene Orangenschale dazugeben.

4 Suppe pürieren, je nach Konsistenz mit Hafermilch verdünnen. Mit Salz und Pfeffer würzen und mit gehackter Minze (evtl. mit Hafermilch vermischt) garnieren.

Karotten-Zwiebel-Soße

Für 4-6 Personen

200 g Karotten

2 mittelgroße Zwiebeln

2 Tomaten

1 rote Paprikaschote

3 EL Mehl

100 ml Rotwein oder Apfelsaft

200 ml Wasser

Salz

Pfeffer, frisch gemahlen

Streuwürze

Öl

Zubereitungszeit:

ca. 45 Minuten

Serviervorschlag:
Geeignet zu vegetarischen
Küchlein und Reis.

1 Zwiebeln schälen, kleinschneiden und mit 2 EL Öl in der Bratpfanne andünsten.

2 Karotten putzen, in dünne Scheiben schneiden und mitdünsten. Tomaten und Paprika kleinschneiden und dazugeben.

3 Alles ca. 5 Min. dünsten. Mit Mehl überstäuben und mitbraten, bis es braun wird. Mit Rotwein oder Apfelsaft ablöschen, Wasser dazugeben und unter Rühren aufkochen.

4 Mit Pfeffer, Salz, Streuwürze abschmecken und auf kleiner Flamme weichkochen. Durch ein Sieb passieren oder mit dem Mixer fein pürieren.

Karottensalat mit Rosinen

Für 4-6 Personen

500 g Karotten

2 EL Rosinen

1 Glas Orangensaft

Saft einer Zitrone

1 TL gekörnte Gemüsebrühe

einige Walnusskerne

Zubereitungszeit:

ca. 20 Minuten

1 Zitronen- und Orangensaft, Gemüsebrühe und Rosinen gut vermengen.

2 Gewaschene und geschälte Karotten direkt in die Soße reiben, damit sie nicht braun werden. Walnusskerne grob hacken und darüberstreuen.

Kartoffeln

Aus einer gesunden, glücklichen Erde trage ich in mir Lebensfreude und Lebenskraft, die ich dir weiterschenke. Mit vielen anderen Gemüsesorten kann ich zu Salat, Kroketten, Püree, Rösti, aber auch zu Suppe, Eintopf, Gratin und vielem mehr verarbeitet werden und bin bei Groß und Klein sehr beliebt! Weil ich aus friedfertigem Anbau komme, bin ich gut und schenke dir sehr viele Vitamine und Mineralien.

So wünsche ich dir alles Gute!

»Wir sind gut und schenken dir alles Gute«

Vegetarische Moussaka

Für 4 Personen

ca. 600 g Kartoffelbrei
(vom Vortag)

1 rote Paprikaschote

1 grüne Paprikaschote

2 kleine Zwiebeln

1 Aubergine

4 Tomaten

2 Knoblauchzehen

4 EL Semmelbrösel

Salz

frisch gemahlener Pfeffer

1 EL gehackte Petersilie

Öl

Zubereitungszeit:

ca. 30 Minuten

1 Zwiebeln und eine Knoblauchzehe kleinscheiden und in einer Bratpfanne in Öl dünsten.

2 Die Aubergine, die Paprikaschoten und die Tomaten in Stücke schneiden und nacheinander mitdünsten.

3 Eine feuerfeste Schale einfetten und den Boden mit einer Lage Gemüse bedecken. Kartoffelbrei darüber verteilen (am Rand etwas tiefer).

4 Restliches Gemüse darüber verteilen. Mit einem Gemisch aus Semmelbröseln, Petersilie, Knoblauch und 1 EL Öl bestreuen. Im Ofen bei 250°C kurz überbacken.

Gefüllte Ofenkartoffeln

1 Die Kartoffeln gründlich waschen und in Alufolie wickeln. Bei 200° C im vorgeheizten Ofen etwa 1 Stunde garen.

2 Zwiebeln kleinhacken, Knoblauch fein schneiden, die Paprikaschoten und die Tomaten in kleine Würfel schneiden.

3 Zwiebeln und Knoblauch in einer Pfanne mit heißem Öl andünsten. Die Paprikawürfel 5 Min. mitdünsten und die Tomaten weitere 2 Min. mitgaren. Gewürze und Majoran hinzufügen.

4 Kartoffeln aus dem Ofen nehmen und das obere Drittel jeder Kartoffel längs abschneiden; den unteren Teil aushöhlen, so dass ein etwa 4 mm breiter Rand stehen bleibt.

5 Das herausgeholte Fruchtfleisch kleinschneiden, ebenso die abgeschnittenen und geschälten „Deckel". Die Paprika-Tomaten-Mischung daruntermengen. Mit Salz und Pfeffer abschmecken.

6 Die Masse in die ausgehöhlten Kartoffeln füllen. Kurz im Ofen überbacken und warm servieren.

Kartoffelsalat mit Oliven

Für 4-6 Personen

800 g festkochende Kartoffeln

2 mittelgroße Zwiebeln

1 Knoblauchzehe

30 g Kapern

80 g schwarze Oliven

8 EL Olivenöl

2 EL Weißweinessig

1 Messerspitze Zucker

1 EL gehackte Petersilie

Salz

Pfeffer, frisch gemahlen

Zubereitungszeit:

ca. 45 Minuten

1 Kartoffeln gründlich waschen und in einem großen Topf mit leicht gesalzenem Wasser ca. 20 Min. garen, so dass sie noch bissfest sind.

2 Zwiebeln schälen und in feine Ringe schneiden. Den Essig mit dem Zucker erhitzen und die Zwiebeln 5 Min. darin köcheln lassen.

3 Die fein gehackte Knoblauchzehe, die Kapern, Oliven und Zwiebeln mit der Flüssigkeit, mit Salz, Pfeffer und Olivenöl in einer Schüssel gut vermischen.

4 Kartoffeln noch warm schälen, in 3 mm dicke Scheiben schneiden, vorsichtig unter die anderen Zutaten mengen und ca. 10 Min. durchziehen lassen. Mit Petersilie bestreuen.

Kartoffelsalat

Für 4-6 Personen

800 g festkochende Kartoffeln

3 Essiggurken

1 Zwiebel, kleingehackt

2 EL gehackter Schnittlauch

Olivenöl, Essig

Salz, Pfeffer

Zubereitungszeit:

ca. 45 Minuten

1 Kartoffeln in genügend Wasser bissfest kochen, schälen und in ca. 3 mm dünne Scheiben schneiden. Gurken in kleine Würfel schneiden.

2 Gurken, Zwiebeln und die noch warmen Kartoffeln in einer Schüssel vorsichtig vermengen. Mit Salz, Pfeffer, Öl und Essig würzen und den Schnittlauch darüberstreuen.

Kartoffelkroketten

Für 4-6 Personen

600 g Kartoffelbrei
(am besten vom Vortag)

2 EL gehackte Petersilie
oder Schnittlauch

6 EL Mehl

Semmelbrösel

Bratöl

200 ml Wasser

Zubereitungszeit:

ca. 30 Minuten

Serviervorschlag:
Zu Gemüse oder
frischem Salat,
z.B. Rucola und
Tomaten.

1 Kartoffelbrei mit den Kräutern vermischen. Sollte er nicht fest genug sein, etwa 2 EL Mehl daruntermischen.

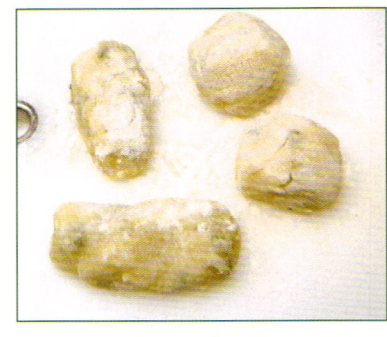

2 Für die Paniercreme 200 ml Wasser mit 4 geh. EL Mehl klumpenfrei verrühren.

3 Mit nassen Händen aus dem Kartoffelbrei Kroketten formen. Diese zuerst in die Paniercreme tauchen und dann von allen Seiten in Semmelbröseln wälzen.

4 In einer Bratpfanne in heißem Öl knusprig braten.

Kartoffelbrei

Für 4-6 Personen

1 kg mehligkochende Kartoffeln

300 ml Hafermilch

50g Margarine

Muskatnuss, Salz
Pfeffer, frisch gemahlen

Zubereitungszeit:

ca. 40 Minuten

1 Kartoffeln in genügend Wasser ca. 30 Min. weichkochen, schälen und mit Hilfe einer Kartoffelpresse oder eines Passiergerätes direkt in den Topf pürieren.

2 Margarine und Hafermilch separat erhitzen, dazugeben und mit dem Schneebesen kräftig rühren. Mit Muskatnuss, Salz und Pfeffer abschmecken. Noch einmal gut erhitzen und sofort servieren.

Kartoffel-Gratin

Für 4-6 Personen

400 g Pellkartoffeln
(am besten vom Vortag)

1 Glas iBi-Kräutergarten
oder nach Wahl

180 ml Wasser

2 EL Weißwein

gehackte Petersilie

Margarine zum Einfetten

Zubereitungszeit:

ca. 45 Minuten

Variante:
1-2 TL Petersilien-,
Bärlauch- oder Pestosoße
im Wasser verrühren.

1 Pellkartoffeln schälen und in ca. 4 mm dünne Scheiben schneiden.

2 1 Glas iBi-Kräutergarten oder eine andere Sorte iBi Ihrer Wahl mit dem Wasser und mit etwas Weißwein gut verquirlen.

3 Die Kartoffelscheiben dachziegelartig in eine mit Margarine eingefettete Gratinform legen. Die Creme gleichmäßig darüber verteilen.

4 Den Kartoffel-Gratin ca. 20 Min. bei 190° C im Umluft-Backofen gratinieren. Mit der gehackten Petersilie bestreuen und sofort servieren.

Kartoffel-Bärlauch-Suppe

Für 4-6 Personen

500 g mehligkochende
Kartoffeln

1 große Zwiebel

20 g Margarine

1 Glas iBi Kräutergarten

2 TL Streuwürze

750 ml Wasser

4 bis 6 EL Bärlauchsoße

Salz

1 Zwiebel und Kartoffeln schälen, kleinschneiden und in einem Topf in der Margarine kurz andünsten. Mit dem Wasser übergießen und ca. 20 Min. kochen.

2 Mit Salz und Streuwürze abschmecken. 1 Glas iBi Kräutergarten und die Bärlauchsoße hinzufügen und mit dem Stabmixer fein pürieren. Bei Bedarf mit etwas heißem Wasser verdünnen.

Schweizer Rösti

Für 4-6 Personen

1 kg Kartoffeln
(am besten Pellkartoffeln
vom Vortag)

2 EL Öl oder Margarine

Salz, Pfeffer, frisch gemahlen

Zubereitungszeit:

ca. 25 Minuten

Variante mit Bärlauch:
Bevor Sie die Rösti braten,
mischen Sie 2-3 TL Bärlauchsoße pro Person direkt
in die Kartoffelmasse.

1 Kartoffeln in genügend Wasser ca. 30 Min. weichkochen
und über Nacht reifen lassen.

2 Kartoffeln schälen und reiben.
Mit Salz und Pfeffer abschmecken.

3 Fett in einer Bratpfanne erhitzen und unter Wenden aus der
Masse ein „Rösti" formen. Bei mittlerer Hitze anbraten, bis die untere
Seite goldbraun ist.

4 Rösti mit Hilfe eines Tellers
wenden und fertigbacken, bis
auch die andere Seite goldbraun
ist. Dazu Zwiebel-Relish (siehe Seite
174) und grüner Salat.

Rosmarin-Kartoffeln

Für 4-6 Personen

1 kg vorwiegend
festkochende Kartoffeln

3 Knoblauchzehen

6 EL Olivenöl

2 TL Rosmarin

Salz

Zubereitungszeit:

ca. 60 Minuten

1 Olivenöl in eine große Schüssel geben. 3 gepresste Knoblauchzehen dazugeben. Kartoffeln
schälen, vierteln oder achteln und
mit dem Öl-Knoblauch-Gemisch
gut vermengen. 5 Min. ziehen lassen.

2 Backblech mit Alufolie belegen
und mit Öl bestreichen. Die
Kartoffeln darüber verteilen, mit
Rosmarin und Salz bestreuen. Im
vorgeheizten Backofen bei 250° C
ca. 45 Min. knusprig braten.

Tortilla española

Für 4 Personen

1 kg Kartoffeln

2 mittelgroße Zwiebeln

6 EL gutes Olivenöl

2 TL Rosmarin

Salz

Pfeffer, frisch gemahlen

3 geh. EL Mehl

300 ml Wasser

Zubereitungszeit:

ca. 1,5 Stunden

Serviervorschlag:

Statt Zwiebeln können auch Spinat oder andere Gemüse verwendet werden.

Servieren Sie dazu am besten einen grünen Salat und frische Tomaten.

1 Die Kartoffeln schälen und roh wie Bratkartoffeln schneiden. Die Zwiebeln schälen und kleinschneiden.

2 In einer Bratpfanne das Öl erhitzen. Die Zwiebeln darin glasig andünsten. Die Kartoffeln dazugeben und mit etwas Salz auf mittlerer Flamme braten. Dabei evtl. etwas Wasser hinzufügen.

3 Inzwischen das Mehl mit dem Wasser klumpenfrei verrühren. Mit Salz und Pfeffer abschmecken.

4 Sobald die Kartoffeln gar sind, die gut abgetropfte Kartoffel-Zwiebel-Masse aus der Bratpfanne nehmen und mit der Mehlcreme gut mischen. Rosmarin hinzufügen.

5 Die fertige Tortilla-Masse portionenweise 1 cm dick in der Bratpfanne mit Öl anbacken.

6 Sobald die Tortilla nicht mehr am Pfannenboden klebt, unter Zuhilfenahme eines Tellers vorsichtig wenden und auch die andere Seite fertig backen.

Kohl & Wirsing

Von uns gibt es ganz viele Sorten, und in jedem unserer Blätter versteckt sich ganz schön viel Kraft! Wir schenken deinem Körper sehr viel Vitamin C und Folsäure und dir viel Lebensenergie, besonders wenn wir auf einem gesunden Boden durch die Kraft der Sonne und der Erde gewachsen sind. Ich trage in mir das Leben und bin so ein wahres Lebensmittel!

»Ich schenke dir meine Kraft!«

Weißkohlcurry

Für 4 Personen

500 g Weißkohl

250 g festkochende Kartoffeln

200 g Tomaten

15 g frische Ingwerwurzel oder 1 Msp Ingwerpulver

250 ml Kokosmilch

3 EL Margarine

3 Lorbeerblätter

4 TL Curry

Salz

1 TL Zucker

frisch gemahlener Pfeffer

Zubereitungszeit:

ca. 50 Minuten

1 Den Kohlkopf vierteln, den Strunk entfernen und das Kraut in feine Streifen schneiden. Die Kartoffeln schälen und in kleine Würfel schneiden.

2 Die Tomaten würfeln, den Ingwer schälen und in Scheiben schneiden. Die Margarine in einem Topf erhitzen und 4 TL Curry darin kurz anschwitzen.

3 Den Weißkohl und die Kartoffeln dazugeben und 3 Min. unter ständigem Rühren braten. Mit Salz, Pfeffer und Zucker würzen.

4 Die Lorbeerblätter, die Tomaten und den Ingwer untermischen. Kokosmilch dazugeben und bei schwacher Hitze zugedeckt ca. 25 Min. garen. Mit Brot servieren.

Kartoffelpuffer mit Sauerkraut

Für 4 Personen

Für die Kartoffelpuffer:

4 große Kartoffeln

8 geh. EL Mehl

100 ml Wasser

Margarine zum Braten

Salz

Für das Sauerkraut:

500 g Sauerkraut

130 g Zwiebeln

250 ml Sekt oder Weißwein, nach Wunsch auch Apfelsaft oder Apfelsaftschorle

80 g Margarine

1 Lorbeerblatt

Salz

frisch gemahlener Pfeffer

Zubereitungszeit:

ca. 1 Stunde

Variante:
Salatblätter und Zwiebelringe.
Den unteren Kartoffelpuffer zuerst mit Salatblättern, Zwiebelringen und Tomatenscheiben belegen.

1 Die Zwiebeln schälen und fein-hacken. In einer Pfanne 40 g Margarine zerlassen und 2/3 der Zwiebelwürfel darin glasig an-dünsten.

2 Sauerkraut etwas kleinschnei-den, hinzufügen und mit dem Lorbeerblatt, Salz und Pfeffer zu-sammen anbraten.

3 Mit dem Sekt oder Weißwein ablöschen. Die Hitze reduzie-ren und zugedeckt 30 bis 40 Min. garen.

4 Inzwischen die Kartoffeln roh schälen und grob raspeln.

5 Mit dem Mehl, den restlichen Zwiebeln, etwas Salz und dem Wasser vermischen.

6 In einer Bratpfanne die Mar-garine erhitzen. Aus der Masse 8 Kartoffelpuffer portionieren und von beiden Seiten knusprig ausbacken. Jeweils einen Puffer auf einen Teller legen, mit ca. 1/4 des Sauerkrauts bedecken und mit dem zweiten Kartoffelpuffer zudecken.

Rotkohl-Kartoffel-Gratin

1 Die Shiitake-Pilze putzen, wenn nötig in Stücke schneiden und in einer Bratpfanne in heißer Margarine kurz anbraten.

2 Kohlkopf putzen, halbieren, den Strunk entfernen und den Kohl in feine Streifen schneiden. Die Paprikaschote putzen und fein hacken. Die Äpfel mit der Schale vierteln, entkernen und würfeln.

3 Die Zwiebeln schälen und würfeln. In einer Kasserolle die Margarine schmelzen lassen und die Zwiebeln hell anschwitzen. Die zerkleinerte Paprika und die Apfelwürfel 5 Min. mitdünsten.

4 Die Kohlstreifen untermischen, den Weinessig unterrühren und alles zusammen ca. 30 Min. zugedeckt dünsten. Mit Salz und Pfeffer würzen.

5 Eine entsprechend große ofenfeste Form mit Margarine ausstreichen, die Rotkohlmischung einfüllen und die Shiitake-Pilze darauf verteilen. Die Kartoffeln schälen, in dünne Scheiben schneiden und dachziegelartig über die Kohlmischung legen.

6 Bei 200° C im vorgeheizten Ofen 15 Min. backen und herausnehmen. Den Wein und die Brühe vermischen, in die Form gießen, mit Pfeffer bestreuen und weitere 35 bis 40 Min. im Ofen garen. Mit dem gehackten Liebstöckl bestreuen und servieren.

Wirsingrouladen

Für 4-6 Personen

1 Wirsing

200 g Sonnenblumenkerne

2 große Zwiebeln

2 grüne Paprikaschoten

2 frische Tomaten

Salz

Pfeffer, frisch gemahlen

1/8 l Wasser

Zubereitungszeit:

ca. 45 Minuten

Serviervorschlag:

Zu Pellkartoffeln.
Mit gerösteten Semmel-
bröseln und gebratenen
Paprikawürfeln garnieren.
Dazu eine
Tomatensoße reichen.

1 Wirsing putzen und ganz in kochendem Salzwasser ca. 5 Min. kochen, bis die ersten Blätter gar sind.

2 Wirsing aus dem Wasser neh-men. Mit einem Messer die einzelnen Blätter auseinander-nehmen. Falls diese nicht gar sind, wieder kurz im Wasser kochen.

3 Für die Füllung die Zwiebeln kleinschneiden und in einer Bratpfanne glasig andünsten.

4 Sonnenblumenkerne mit dem Mixer zerkleinern und zu den Zwiebeln geben. Tomaten und Pa-prika putzen, würfeln und mitdün-sten. Mit Wasser ablöschen und weitere 10 Min. köcheln lassen.

5 Ein EL Füllung in jedes Wir-singblatt geben. Die Seiten der Blätter zusammenlegen ...

6 und das Blatt mit der Füllung zusammenrollen. Eine feuerfe-ste Form einfetten, die Wirsing-rollen hineinsetzen. Bei 150° C ca. 30 Min. im Ofen backen.

Lauch

Ich bin ein Verwandter der Zwiebel, doch feiner und milder im Geschmack. Ich aktiviere in deinem Körper allerlei reinigende Prozesse. Ich bin nicht gern allein. Deshalb befinde ich mich meist in Gemeinschaft mit anderen Gemüsesorten in verschiedensten Kombinationen auf deinem Teller.

In Suppen, Gratins, Kartoffelpüree, im Eintopf und vielem mehr verfeinere ich den Geschmack und runde ihn ab. Roh bin ich häufig in Salaten - schmackhaft, kräftigend und gesund. Ein vielseitig verwendbarer Bestandteil der guten Küche.

»Ich bin schmackhaft, kräftig und gesund«

Lauchsuppe

Für 4 Personen

250 g Lauch

80 g Möhren

40 g Stangensellerie

150 ml Hafermilch

1 l Gemüsebrühe

80 g Margarine

30 g Mehl

frisch geriebene Muskatnuss

Salz, frisch gemahlener Pfeffer

1 EL gehackte Petersilie

2 Lorbeerblätter

Zubereitungszeit:

ca. 40 Minuten

Variante:

Für einen herzhaften Geschmack fügen Sie noch 2 TL Bärlauchsoße hinzu.

1 Den Lauch putzen, waschen und in kleine Stücke schneiden; dabei auch den dunkelgrünen Teil verwenden. Sellerie und Karotten putzen und kleinschneiden.

2 40 g Margarine in einem Topf zerlassen, den Lauch, die Möhren und die Sellerie darin andünsten. Das Mehl darüberstreuen und 1 bis 2 Min. mit anschwitzen.

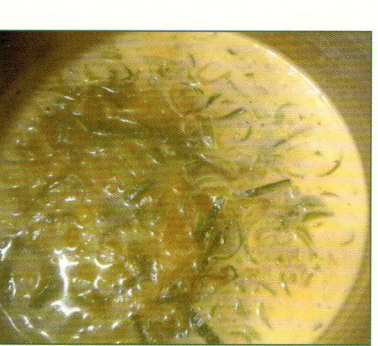

3 1 l Gemüsebrühe dazugießen und glattrühren. Lorbeerblätter hinzufügen. Aufkochen, die Hitze reduzieren und die Brühe 20 Min. köcheln lassen. Die Lorbeerblätter herausnehmen.

4 Die Hafermilch unterrühren. Mit Salz, Pfeffer und Muskatnuss würzen. Die Suppe im Mixer fein pürieren. Die restliche Margarine unterrühren und mit Petersilie bestreuen.

Lauch-Gratin

Für 4-6 Personen

1,2 kg Lauch

3 EL Mehl

1 EL edelsüßes Paprikapulver

100 g Margarine

150 ml Hafermilch

Salz

Pfeffer, frisch gemahlen

Muskatnuss

Streuwürze

3 EL gehackte Petersilie

1 rote Paprikaschote

Zubereitungszeit:

ca. 45 Minuten

Serviervorschlag:
Zu Pellkartoffeln oder Reis

1 Von den Lauchstangen den dunkelgrünen Teil und den Wurzelansatz entfernen. (Den grünen Teil z.B. für eine Suppe verwenden.)

2 Die Stangen gründlich abwaschen, alle 2 cm schräg einschneiden und in kochendem Salzwasser 15 Min. kochen. Die Paprikaschote putzen und würfeln.

3 Für die Bechamelsoße 60 g Margarine in einem Topf zerlassen. 1 EL Mehl hinzufügen und kurz anschwitzen.

4 Die heiße Hafermilch unter ständigem Rühren hinzufügen. Mit Salz, Muskatnuss und Streuwürze gut würzen. Kurz aufkochen.

5 2 EL Mehl mit dem Paprikapulver vermischen und die Lauchstangen darin wälzen. In einer großen Pfanne die restliche Margarine schmelzen lassen und die Lauchstangen darin goldgelb ausbacken.

6 Eine Gratinform ausfetten, die Lauchstangen hineinlegen. Mit der Bechamelsoße begießen und mit Pfeffer würzen. Bei 200° C im vorgeheizten Ofen 20 Min. überbacken. Mit Petersilie und Paprikawürfeln bestreuen und sofort servieren.

Lauch-Apfel-Gratin

Für 4 Personen

4 Lauchstangen

2 säuerliche Äpfel

4 EL Öl

400 ml Hafermilch

4 EL Mehl

80 g Sonnenblumenkerne

Muskatnuss

Streuwürze

Salz

Pfeffer, frisch gemahlen

Zubereitungszeit:

ca. 50 Minuten

Serviervorschlag:
Zu Pellkartoffeln oder Reis

1 Von den Lauchstangen den Wurzelansatz und das harte Grün entfernen. Die Stangen in dünne Ringe schneiden. Äpfel schälen und grob raspeln.

2 Das Öl in einer Pfanne erhitzen. Die Lauchringe darin ca. 8 Min. anschwitzen, mit Salz und Pfeffer würzen und die Äpfel untermischen.

3 In einer Schüssel das Mehl mit der Milch klumpenfrei rühren. Mit Muskatnuss, Salz, Pfeffer und Streuwürze gut abschmecken. Die Sonnenblumenkerne in einer Pfanne trocken rösten.

4 Die Lauch-Apfel-Masse in eine gefettete Auflaufform geben. Die Sonnenblumenkerne darauf verteilen und die Mehlsoße darübergießen. Bei 200° C. im vorgeheizten Ofen 35 Min. backen.

„Lauch-Spargel"

Für 4 Personen

2 große Lauchstangen

1 Tomate

Salz

Olivenöl

Essig

Zubereitungszeit:

ca. 30 Minuten

1 Den Lauch putzen, das harte grüne Ende und den Wurzelansatz wegschneiden; den hellen Teil in längere Stücke schneiden und in sprudelnd kochendem Wasser ca. 15 Min. garen.

2 Die Lauchstücke mit Olivenöl, Salz und Essig anmachen. Kalt als Salat oder als Vorspeise mit Tomatenwürfeln servieren.

Mais

»Ich bin schmackhaft, kräftig und gesund«

Meine Körner sind weich, saftig und süß und werden ähnlich wie Gemüse auf vielfältige Weise zubereitet, z.B. als ganzer Maiskolben gekocht und gesalzen, mit etwas Margarine serviert. Doch aus mir kann man auch Mehl oder Grieß für Brot, Polenta, Gebäck, Mais-Chips und Tortillas gewinnen. Meine frischen Körner enthalten viel Zucker, der sich beim Lagern in Stärke umwandelt, aber auch viele Mineralien und Vitamine.

Zucchini mit Polentafüllung

Für 4 Personen

2 Zucchini (je ca. 350 g)

50 g Shiitake-Pilze

50 g Stangensellerie

150 g Möhren

100 g Zwiebeln

1 Knoblauchzehe

2 EL Olivenöl

100 g Maisgrieß

600 ml Gemüsebrühe

Thymian

Rosmarin

Salz

Pfeffer, frisch gemahlen

20 g Margarine

Zubereitungszeit:

ca. 1 Stunde

1 Die Zucchini waschen, putzen und der Länge nach halbieren. Die Hälften aushöhlen und das herausgelöste Fruchtfleisch würfeln. Den Sellerie putzen, die Möhren schälen und beides kleinschneiden.

2 In einem Topf das Öl erhitzen. Die geschälten und gehackten Zwiebeln sowie Knoblauch und die restlichen Gemüse nacheinander darin andünsten. Den Maisgrieß einrühren und leicht anrösten.

3 Die Pilze zugeben und 400 ml Gemüsebrühe eingießen. Kurz aufkochen lassen und den Grieß bei geringer Hitze weitere 15 Min. quellen lassen. Thymian und Rosmarin unter den Maisgrieß rühren, mit Salz und Pfeffer würzen.

4 Zucchinihälften leicht salzen und mit der Mischung füllen. Die restliche Gemüsebrühe in eine Auflaufform gießen; Zucchini hineinsetzen, mit Margarinestückchen belegen. Bei 200° C im vorgeheizten Ofen ca. 25 Min. backen.

Polentaschnitten mit Shiitake-Pilzfüllung

Für 4-6 Personen

150 g Maisgrieß

1 l Wasser

100 g Margarine

250 g frische Shiitake-Pilze

50 g Zwiebeln

1 Knoblauchzehe

Muskatnuss

Thymian

1 EL gehackte Petersilie

3 EL Mehl

Olivenöl

Salz

Pfeffer, frisch gemahlen

Semmelbrösel

Zubereitungszeit:

ca. 45 Minuten

Serviervorschlag:

Servieren Sie dazu Tomatensoße aus frischen Tomaten und Salat.

1 3/4 l Wasser mit Salz, Muskat und Margarine aufkochen. Den Maisgrieß mit einem Schneebesen einrühren. Bei geringer Hitze unter ständigem Rühren 10 Min. quellen lassen.

2 Den Maisbrei auf einem mit Öl gefetteten Blech oder in einer flachen Glasform 1 cm dick verstreichen und auskühlen lassen.

3 Die Shiitake-Pilze grob schneiden. Die Zwiebeln und den Knoblauch schälen und kleinschneiden.

4 Die Margarine in einer Bratpfanne erhitzen; die Zwiebeln und den Knoblauch darin hell andünsten. Die Pilze zugeben und braten. Mit den Kräutern würzen.

5 Die Polenta in ca. 7 x 10 cm große Rechtecke schneiden. Die Hälfte davon mit der Pilzmasse belegen, mit einem anderen Polentastück bedecken und leicht andrücken.

6 Zum Panieren die Schnitten in eine Mischung aus 3 EL Mehl und 1/4 l Wasser tauchen und dann in Semmelbröseln wenden. Die Schnitten in heißem Öl auf beiden Seiten goldbraun anbraten.

Mangold

Obwohl ich mit dem Spinat nicht verwandt bin, werde ich meist ähnlich wie dieser verwendet. Sind meine Blätter noch jung und zart, so sind sie eine Delikatesse als Salat. Aber auch gekocht sind meine Stiele und Blätter ein feines Gericht. Ich bin vielseitig zu verwenden, allein oder mit Nudeln, Reis und mit anderem Gemüse. Ich schenke meine Lebensenergie deinen Organen und rege sie zur Aktivität an.

»Ich schenke meine Lebensenergie deinen Organen«

Mangoldgemüse

Für 4 Personen

750 g Mangold

2 EL Margarine

1 Knoblauchzehe

1/8 l Weißwein

frisch geriebene Muskatnuss

Salz

frisch gemahlener Pfeffer

2 EL geröstete Sonnenblumenkerne oder Pinienkerne

Zubereitungszeit:

ca. 30 Minuten

Serviervorschlag:

Zu Kartoffelpüree mit viel Schnittlauch oder zu Reis

1 Den Mangold waschen und an den Stielenden abschneiden. Die Blätter großzügig von den Stängeln schneiden. Beide in ca. 1 cm breite Streifen schneiden.

2 Die Margarine in der Bratpfanne zerlassen. Mangoldstängel hinzufügen und zugedeckt bei schwacher Hitze ca. 8 Min. dünsten. Mit dem Weißwein ablöschen.

3 Die zerdrückte Knoblauchzehe dazugeben; die Mangoldblätter untermischen und mit Salz, Pfeffer, nach Belieben auch mit Muskatnuss würzen. Ca. weitere 5 Min. kochen.

4 Die Sonnenblumen- oder Pinienkerne in einer Pfanne trocken rösten. Über das Mangoldgemüse streuen und servieren.

Gefüllte Mangoldblätter

1 Die Mangoldblätter vorsichtig waschen und trockentupfen. Die Stiele herausschneiden. Die Mangoldstiele klein schneiden.

2 Die Blätter kurz in sprudelnd kochendem Wasser blanchieren.

3 Den Reis in kochendem Wasser 12 Min. halbgar kochen. In ein Sieb schütten, kalt abschrecken und abtropfen lassen.

4 Die Zwiebeln schälen und fein würfeln. In einer Pfanne 1 EL Öl erhitzen und Zwiebeln mit 30 g Pinienkernen hell andünsten. Die Mangoldstiele hinzufügen und ca. 10 Min. mitdünsten.

5 Die Zwiebel-Mangold-Mischung mit dem Reis und mit den Trauben gut vermischen. Mit Salz und Pfeffer würzen. Die Margarine in einer Pfanne zerlassen, die Semmelbrösel und die restlichen Pinienkerne darin anrösten. Die Mangoldblätter auslegen und je 1EL Füllung daraufgeben.

6 Von den Blättern die Ränder einschlagen, zu Päckchen rollen und dicht nebeneinander in eine gefettete Auflaufform legen. Mit Gemüsebrühe und Olivenöl begießen. Die Semmelbrösel und Pinienkerne darüber verteilen. Bei 200° C im vorgeheizten Ofen ca. 30 Min. garen.

Crêpes mit Mangoldfüllung

Für 4-6 Personen

1 kg Mangold

100 g Zwiebeln

250 ml Bier oder kohlensäurehaltiges Mineralwasser

120 g Mehl

80 g Margarine

80 g Walnüsse, gehackt

1/4 l Hafermilch

Muskatnuss

Salz

Pfeffer, frisch gemahlen

Petersilie, Oregano

Zubereitungszeit:

ca. 60 Min.

Serviervorschlag:
Zu Reis oder
Petersilien-Kartoffeln,
mit einem frischen
Tomatensalat

1 Für den Teig 100 g Mehl mit dem Bier oder Mineralwasser glattrühren. Mit Salz und Pfeffer würzen und ca. 1 Stunde ruhen lassen.

2 In der Zwischenzeit 50 g Margarine in einer Pfanne erhitzen, die feingehackten Zwiebeln darin glasig andünsten. Die gehackten Walnüsse kurz mitbraten.

3 Den Mangold gut putzen, die Stiele hacken und die Blätter in Streifen schneiden. Zu den Zwiebeln hinzufügen. Mit Salz, Pfeffer und Muskatnuss würzen und bei geringer Hitze ca. 10 Min. dünsten.

4 In einer Pfanne etwas Margarine zerlassen und dünn mit Teig ausgießen. Nacheinander 8 Crêpes auf beiden Seiten goldgelb backen und auskühlen lassen.

5 Für die Bechamel-Soße etwa 20 g Margarine zerlassen und das Mehl darin 1 bis 2 Min. hell anschwitzen. Die heiße Milch zugießen, glattrühren, mit Salz, Pfeffer und Muskatnuss würzen und ca. 15 Min. kochen.

6 Die Crêpes mit der Füllung bestreichen, aufrollen und nebeneinander in eine eingefettete Auflaufform schichten. Die Soße darüber verteilen und bei 220° C im vorgeheizten Ofen ca. 10 Min überbacken. Mit Petersilie und Oregano bestreuen.

Nudeln

Ob kurz oder lang, bunt oder weiß, bringen wir Freude auf jeden Tisch! Kinder lieben uns sehr, aber auch die Erwachsenen schätzen uns. Und wir sind wirklich vielfältig zu verwenden: Mit allerlei Soßen, als Auflauf und Gratin, warm im Winter und als erfrischender, gekühlter Salat an heißen Sommertagen, sind wir immer das passende, leichte und beliebte Gericht! Ohne Ei - original italienisch!

Spaghetti mit Rotwein-Zwiebel-Soße

Für 4 Personen

400 g Spaghetti

150 g Zwiebeln oder Schalotten

600 g Tomaten

1/4 l Rotwein

1 Knoblauchzehe

4 EL Olivenöl

Salz

frisch gemahlener Pfeffer

1 EL gehackte Petersilie

Zubereitungszeit:

ca. 40 Minuten

1 Die Zwiebeln schälen und feinhacken. Die Knoblauchzehe schälen und zerdrücken. Die Tomaten waschen, den Ansatz entfernen und in Würfel schneiden.

2 Die Margarine in einer Pfanne zerlassen und die Zwiebeln darin glasig andünsten. Mit dem Rotwein ablöschen und offen auf etwa 50 ml einkochen lassen.

3 Die Tomaten in die Pfanne zu den Rotwein-Zwiebeln geben und bei geringer Hitze 3 bis 4 Min. köcheln lassen. Mit Salz und Pfeffer würzen.

4 Die Spaghetti in sprudelnd kochendem Salzwasser al dente kochen. Abgießen und gut abtropfen lassen. Die Spaghetti mit der Soße auf Tellern anrichten und mit der Petersilie bestreuen.

Hinweis:

Das Originalrezept sieht die Verwendung von Parmesankäse vor. Das *Tierfreundliche Kochbuch* empfiehlt statt dessen geröstete Mandeln oder frische Petersilie.

Bandnudeln mit Pilzen

Für 4-6 Personen

500 g Bandnudeln

500 g frische Steinpilze
oder Pfifferlinge
oder
40 g getrocknete Steinpilze

2 mittelgroße Zwiebeln, gehackt

1/8 l Weißwein

40 g Margarine

Streuwürze

4 EL gehackte Petersilie

Salz

frisch gemahlener Pfeffer

Zubereitungszeit:

ca. 45 Minuten

1 Getrocknete Pilze ca. 20 Min. in drei Tassen kaltem Wasser einweichen. Bei Verwendung von frischen Pilzen die geputzten Pilze kleinschneiden. Gehackte Zwiebeln in 20 g Margarine andünsten.

2 Die Pilze mitdünsten (eingeweichte Pilze zuvor abtropfen lassen). Mit Weißwein ablöschen; evtl. Einweichwasser beifügen. Offen köcheln, bis die Pilze gar sind und die Soße etwas eingekocht ist.

3 Inzwischen Bandnudeln in kochendem Wasser „al dente" garen und abtropfen lassen. Die Pilzsoße mit Streuwürze, Salz und Pfeffer abschmecken.

4 20 g Margarine einrühren. Nudeln mit der Soße vermischen, Petersilie darüberstreuen und sofort servieren.

Tagliatelle alla salvia

Für 4-6 Personen

500 g Tagliatelle

getrocknete Salbeiblätter

5 EL Olivenöl

Salz

Zubereitungszeit:

ca. 20 Minuten

1 Nudeln in Salzwasser „al dente" kochen. Getrocknete Salbeiblätter zerreiben. In einer Pfanne mit Olivenöl den Salbei mit 2 Prisen Salz erwärmen.

2 Gekochte, abgetropfte Nudeln dazugeben und gut vermengen. Je nach Geschmack können auch Knoblauch oder Walnusskerne beigefügt werden.

Nudel-Gemüse-Pfanne

Für 4-6 Personen

400 g Rigatoni oder Spaghetti

800 g Gemüse der Saison
(Karotten, Auberginen,
Zucchini, Paprika, Blumenkohl,
Brokkoli ...)

2 mittelgroße Zwiebeln, gehackt

Olivenöl

Kräuter der Provence

Salz

Pfeffer, frisch gemahlen

Paprikapulver

Zubereitungszeit:

ca. 45 Minuten

1 Nudeln in Salzwasser „al dente" kochen.

2 Währenddessen das Gemüse in kleine Stücke schneiden.

3 Zwiebeln in etwas Öl anbraten, Gemüse hinzufügen und mitdünsten. Dann gut würzen und zugedeckt bei kleiner Flamme weichdünsten. Bei Bedarf etwas Wasser hinzufügen.

4 Mit den Nudeln vermischen und sofort auf vorgewärmten Tellern servieren.

Nudel-Salat

Für 4-6 Personen

250 g Spirelli

je 1/2 rote, grüne
und gelbe Paprika

100 g Oliven

100 g Karotten

4 EL Olivenöl, 2 EL Essig

Salz, Pfeffer

1 Knoblauchzehe

frisches Basilikum

1 Nudeln „al dente" kochen. Paprika klein würfeln. Die Karotten schälen, kleinschneiden und blanchieren. Basilikum kleinhacken.

2 Für die Soße Essig, Öl, die zerdrückte Knoblauchzehe, Salz und Basilikum gut vermischen und mit den Nudeln, den Paprika- und Karottenwürfeln und den Oliven vermengen.

Vegetarische Bolognese

Für 4-6 Personen

500 g Spaghetti

150 g Zwiebeln

2 Knoblauchzehen

150 g Sonnenblumenkerne

650 g pürierte Tomaten

1/2 TL gemahlener Kümmel

Salz

Pfeffer, frisch gemahlen

3 EL Olivenöl

Oregano

5 EL Semmelbrösel

2 EL Olivenöl

Zubereitungszeit:

ca. 45 Min.

Serviervorschlag:
Spaghetti sind bei großen und kleinen Gästen allgemein sehr beliebt.
Servieren Sie dazu einen frischen italienischen Salat und einen Rotwein oder Fruchtsäfte nach Wahl.

1 Zwiebeln und Knoblauchzehen schälen, kleinschneiden und in 3 EL Olivenöl andünsten, bis sie glasig sind.

2 Die Sonnenblumenkerne mit einem Mixer oder mit dem Nudelholz grob zerkleinern und mit den Zwiebeln und dem Knoblauch kurz dünsten.

3 Die pürierten Tomaten daruntermischen.

4 Mit Oregano, Salz und Pfeffer würzen und das Ganze ca. 20 Min. bei geringer Hitze köcheln lassen.

5 Inzwischen Spaghetti in genügend sprudelnd kochendem Wasser „al dente" kochen. Spaghetti gut abtropfen lassen.

6 In einer Pfanne Semmelbrösel in Olivenöl goldbraun rösten. Die Spaghetti auf Tellern anrichten, die Bolognese darübergeben und mit den Semmelbröseln bestreuen.

Gemüse-Lasagne

Für 4-6 Personen

300 g rote Paprika

300 g Zucchini

350 g Zwiebeln

50 g Karotten

1 Packung Lasagneblätter

500 ml Tomatensoße
(oder 500 g reife Tomaten)

180 g Mayonnaise ohne Ei
(z.B. iBi-naise)

200 ml Wasser

30 g Weizenstärke

10 ml Weißwein

Salz

Pfeffer, frisch gemahlen

6 EL Olivenöl

2 Knoblauchzehen

Zubereitungszeit:

ca. 1 Stunde

Variante:

Nach dem gleichen
Rezept können Sie
Lasagne in vielen leckeren
Varianten zubereiten,
wenn Sie Gemüse
der Saison, Spinat oder
Pilze für die Füllung
wählen.

1 300 g Zwiebeln und eine Knoblauchzehe schälen, kleinschneiden und in 3 EL Olivenöl kurz andünsten. Paprika und Zucchini gut putzen, kleinschneiden und kurz mit den Zwiebeln und dem Knoblauch anbraten.

2 Für die Tomatensoße 50 g Zwiebeln und eine Knoblauchzehe kleinschneiden und in Öl kurz andünsten. Die fein geschnittenen Karotten dazugeben und garen. Die Tomaten hinzufügen und etwas köcheln lassen. Mit Salz und Oregano würzen und pürieren.

3 Für die Bechamelsoße die Mayonnaise mit 150 ml Wasser mischen und zum Kochen bringen. Die Weizenstärke in 50 ml Wasser auflösen und hinzufügen. Mit Salz, Pfeffer und Weißwein würzen.

4 Die Lasagneblätter nach Anweisung vorbereiten.

5 Eine Backform einfetten und die Lasagne in Schichten einlegen: zuerst Tomatensoße, dann Lasagneblätter, dann Gemüse und schließlich Bechamelsoße.

6 Die Schichten wiederholen, bis die Backform gut gefüllt ist. Im vorgeheizten Umluft-Backofen bei 170-180° 20 bis 25 Min. goldgelb backen.

Ravioli mit Nüssen

Für 4-6 Personen

500 g Ravioli,
z.B. mit Kräuterfüllung

1 Glas iBi-Simba

1 Zwiebel

100 ml Wasser

100 g Nusssplitter nach Wahl
(Cashew-, Mandelsplitter;
Haselnüsse gehackt)

etwas Weißwein

Salz, Pfeffer frisch gemahlen

Zubereitungszeit:

ca. 45 Minuten

Variante:

Sie können die Currysoße
auch ohne iBi-Simba nach
dem Rezept auf Seite 16
zubereiten.

1 Die Zwiebel schälen, kleinhacken und mit den Nusssplittern in Öl anbraten und beiseite stellen.

2 iBi-Simba mit dem Wasser verdünnen und kurz aufkochen lassen. Nach Wunsch mit etwas Weißwein abschmecken.

3 Die iBi-Soße mit den Zwiebeln und Nüssen gut vermischen und kurz aufköcheln lassen.

4 Die Ravioli in kochendem Salzwasser nach Anweisung kochen und vorsichtig aus dem Wasser heben. Auf Tellern anrichten und die Soße darübergeben.

Ravioli mit Curry

Für 4-6 Personen

500 g Ravioli,
z.B. mit Kräuterfüllung

1 Glas iBi-Simba

100 ml Wasser

etwas Weißwein

Salz,
Pfeffer frisch gemahlen

1 1 Glas iBi-Simba mit dem Wasser verdünnen, etwas Weißwein hinzufügen und kurz aufkochen lassen.

2 Ravioli nach Anweisung kochen und vorsichtig aus dem Wasser heben. Die Ravioli auf Teller geben und die Soße darübergießen.

Paprika

Ob rot, gelb oder grün, sind wir eine farbenfrohe und beliebte Gesellschaft, ein Farbtupfer auf deinem Teller. Unser eigentümliches, herbes Aroma kommt sowohl roh als auch gebraten oder gedünstet voll zur Geltung in Salaten und allerlei Beilagen. Wir schenken dir sehr viel Vitamin C, Vitamin A und Spurenelemente. So sind wir - besonders wenn wir in friedfertigem Anbau gewachsen sind - ein gesunder, erfrischender Leckerbissen mit viel Kraft und Lebensenergie.

»Wir schenken dir unsere Lebensfreude!«

Peperonata

Für 4 Personen

300 g rote Paprikaschoten

300 g grüne Paprikaschoten

500 g Tomaten

300 g Zwiebeln

1 Knoblauchzehe

4 EL Olivenöl

Salz

frisch gemahlener Pfeffer

1 Prise Zucker

1 EL frische Thymianblätter

Zubereitungszeit:

ca. 60 Minuten

Serviervorschlag:
Zu Pellkartoffeln, Reis oder Polenta

1 Die Paprikaschoten putzen, die Samen entfernen und die Schoten grob in Stücke schneiden. Tomaten grob würfeln.

2 Die Zwiebeln schälen und in Streifen schneiden. Die Knoblauchzehe schälen und in dünne Scheiben schneiden.

3 In einer Pfanne das Öl erhitzen und die Zwiebelstreifen darin glasig andünsten. Die Paprikastücke und die Knoblauchscheibchen 5 Min. dünsten. Die Tomaten dazugeben.

4 Mit Salz, Pfeffer und Zucker abschmecken und ca. 30 Min. zugedeckt bei geringer Hitze schmoren. Mit den Thymianblättchen bestreuen und servieren.

Gefüllte Paprikaschoten

Für 4 Personen

4 rote Paprikaschoten mit Stiel

50 g trockenes Weißbrot

70 g Margarine

50 g Zwiebeln

1 Knoblauchzehe

300 g Tomaten

80 g Stangensellerie

150 g frische Shiitake-Pilze

2 EL gehackte frische Kräuter
(wie z.B. Petersilie, Rosmarin,
Majoran, Thymian)
Muskatnuss

1/4 l Gemüsebrühe

Salz

Pfeffer, frisch gemahlen

Zubereitungszeit:

ca. 80 Min.

Serviervorschlag:
Zu Reis, Pellkartoffeln
oder Kartoffelpüree

1 Für die Füllung die Zwiebeln und den Knoblauch schälen und hacken. Die Tomaten waschen und würfeln. Den Sellerie und die Shiitake-Pilze kleinschneiden.

2 Das Brot in kleine Würfel schneiden. 30 g Margarine in einer Pfanne zerlassen und die Brotwürfel darin goldgelb rösten.

3 Die restliche Margarine in einer Pfanne schmelzen lassen. Zwiebeln und Knoblauch darin glasig andünsten.

4 Den Sellerie, die Tomaten und die Pilze nacheinander hinzufügen, kräftig würzen und 5 Min. schmoren. Kräuter und Brotwürfel hinzufügen.

5 Die Paprikaschoten waschen, am Stielansatz einen Deckel abschneiden. Die Paprikaschoten entkernen.

6 Die Füllung darin verteilen. Die Deckel auflegen und leicht mit Öl bestreichen. Die Schoten in eine ofenfeste Form setzen und die Gemüsebrühe zugießen. Bei 200° C im vorgeheizten Ofen 45 Min. garen. Nach halber Garzeit mit Alufolie abdecken, damit die Schoten nicht zu dunkel werden.

Paprika-Kartoffel-Gulasch

Für 4 Personen

250 g Paprika

250 g Zwiebeln

250 g Kartoffeln

250 g Karotten

600 g Tomaten

5 Knoblauchzehen

1 l Wasser

2 geh. EL edelsüßes
Paprikapulver

1 TL Zucker

Streuwürze

100 ml Öl

Salz

Pfeffer, frisch gemahlen

scharfes Paprikapulver
oder Chili

Zubereitungszeit:

ca. 1 Stunde

Serviervorschlag:
Zu Polenta, Reis,
mit Brot und einem
ländlichen Rotwein

1 Zwiebeln, Kartoffeln und Karotten schälen, Tomaten und Paprika putzen und alles in größere Würfel schneiden. Knoblauch schälen und zerdrücken.

2 In einem großen Topf das Öl erhitzen; die Zwiebeln und den Knoblauch darin glasig andünsten.

3 Paprikapulver hinzufügen, mit Pfeffer abschmecken und kurz weiterdünsten.

4 Die Karotten, die Tomaten und die Paprikawürfel dazugeben. Mit Salz abschmecken und ca. 5 Min. köcheln lassen.

5 Mit 1 l Wasser übergießen, kurz aufkochen und zugedeckt ca. 15 Min. sanft schmoren lassen. Mit Streuwürze und nach Belieben mit scharfem Paprika- oder Chilipulver abschmecken.

6 Die Kartoffelwürfel hinzufügen und ca. 30 Min. weiterkochen. Je länger das Gulasch schmort, desto besser wird es. Schmeckt daher auch aufgewärmt gut.

Pastinake

In Europa war ich einst so bekannt wie heute die Kartoffel. Jetzt bin ich wiederentdeckt und freue mich schon, dass auch du mich kennenlernst. Wie die Möhre bin ich auch roh sehr gut. Ich schmecke etwas würzig und leicht süßlich. Wenn ich aus friedfertigem Anbau komme, enthalte ich nur Gutes!

»Ich schenke dir nur Gutes!«

Pastinaken-Puffer

Für 4 Personen

500 g Pastinaken

100 g Lauch

4 EL Mehl

Wasser

Salz

frisch gemahlener Pfeffer

Bratöl

Zubereitungszeit:

ca. 60 Minuten

Variante:
Statt Pastinaken können Sie auch Karotten verwenden. Mit Pellkartoffeln servieren.

1 Die Pastinaken schälen und grob raspeln. Den Lauch putzen und fein schneiden.

2 Die Pastinaken und den Lauch mit dem Mehl und Wasser zu einer Masse vermischen, die man gut formen kann.

3 Aus der Pastinaken-Lauch-Masse portionsweise kleine Puffer formen und in eine Pfanne mit heißem Öl setzen.

4 Die Puffer von beiden Seiten goldbraun braten, auf Küchenpapier gut abtropfen lassen und gleich servieren.

Pastinaken-Pfanne

Für 4 Personen

300 g Pastinaken

50 g Karotten

100 g Zwiebeln

Streuwürze

1 Prise Majoran

Öl

Salz

Pfeffer, frisch gemahlen

frische Kräuter, gehackt
(z.B. Petersilie, Oregano,
Thymian)

Zubereitungszeit:

ca. 60 Min.

Variante:
Als Curry-Gericht,
indem Sie bei der
Marinade statt Majoran
1 TL Curry hinzufügen.

1 Die Pastinaken schälen und würfeln. Die Karotten und die Zwiebeln schälen und in dünne Scheiben schneiden.

2 50 ml Öl, 50 ml Wasser, Salz, Pfeffer, etwas Streuwürze und eine Prise Majoran gut vermischen. Die Karotten und die Pastinaken einlegen und ca. 30 Min. durchziehen lassen.

3 Die Zwiebeln in einer Bratpfanne anbraten.

4 Die Karotten und die Pastinaken hinzufügen und mitdünsten, bis sie gar sind. Mit den frischen Kräutern bestreuen und servieren.

Glasierte Pastinaken

Für 4 Personen

200 g Pastinaken

4 EL Öl

2 EL Zucker

100 ml Weißwein oder Apfelsaft

Zubereitungszeit:

ca. 20 Minuten

1 Die Pastinaken schälen und in dicke Stäbchen schneiden. Die Pastinaken-Stäbchen im heißen Öl anbraten.

2 Den Zucker dazugeben und karamellisieren lassen. Mit dem Weißwein ablöschen und weiterkochen, bis die Pastinaken gar sind.

Reis

Ich wachse nicht nur im fernen China, sondern auch in Europa, z.B. in Italien, und von mir gibt es sehr viele Sorten: ob Rundkornreis, Langkornreis oder Basmati, braun oder weiß. Jede Pflanze bekommt ihre Lebensenergie aus dem Wasser, in dem wir wachsen, und aus der Erde. Und jedes Reiskorn birgt in sich eine wunderbare Kraft: Das Leben nicht nur für eine weitere Pflanze, sondern auch für viele, viele Menschen! Nach dem Weizen bin ich weltweit das wichtigste Getreide.

Risotto mit Pilzen

Für 4 Personen

25 g getrocknete Steinpilze

180 g frische Shiitake-Pilze

300 g Rundkornreis

1 Zwiebel

1/8 l trockener Weißwein

1 l Gemüsebrühe

350 ml Wasser

75 g Margarine

Olivenöl

Salz

frisch gemahlener Pfeffer

2 EL gehackte Petersilie

Zubereitungszeit:

ca. 40 Minuten
Steinpilze einweichen

ca. 40 Minuten
Zubereitungszeit

1 Die Steinpilze in lauwarmem Wasser ca. 40 Min. einweichen, herausnehmen, abtropfen lassen und das Einweichwasser beiseitestellen.

2 In einem Topf die Margarine erhitzen und die feingehackte Zwiebel darin hell andünsten. Die grob gehackten Stein- und Shiitake-Pilze hinzufügen und mitdünsten.

3 Den Reis dazugeben, unter Rühren glasig werden lassen. Mit dem Weißwein ablöschen. Das Einweichwasser mit der Gemüsebrühe vermischen, einige Kellen Brühe dem Reis hinzufügen und unter ständigem Rühren bei mittlerer Flamme köcheln lassen.

4 Immer wieder 1 bis 2 Kellen Brühe hinzufügen, sobald die Flüssigkeit vom Reis aufgesaugt ist, bis der Risotto gar ist: cremig, aber noch „al dente". Mit Salz und Pfeffer abschmecken und die Petersilie hinzufügen.

Vegetarische Paella

Für 4-6 Personen

1 große Zwiebel

1 Knoblauchzehe

2 Karotten

1 rote Paprikaschote

1 grüne Paprikaschote

1 Lauchstange

100 g frische Shiitake-Pilze

4 EL Öl

120 g Rundkorn-Reis

1/8 l Wein oder Cidre

1/8 l Wasser

Salz

Pfeffer, frisch gemahlen

Nach Wunsch etwas Safran dazugeben

Zum Dekorieren:

1 Aubergine

1 rote Paprika

Artischockenherzen

Zubereitungszeit:

ca. 45 Minuten

Serviervorschlag:
Ein typisch spanisches Gericht. Servieren Sie die Paella mit frischem Salat und einem spanischen Wein oder Fruchtsäften nach Wahl.

1 Zwiebeln schälen und in Streifen schneiden. Karotten putzen und in Scheiben schneiden. Geputzte Paprika ebenfalls in Streifen schneiden. Die geschälte Knoblauchzehe durch die Presse geben. Den Lauch putzen und in feine Ringe schneiden.

2 Öl in einer Bratpfanne (falls vorhanden: Paella-Pfanne) erhitzen. Zwiebeln und Knoblauch glasig dünsten.

3 Die restlichen Gemüse hinzufügen und mitdünsten.

4 Den Reis und etwas Safran dazugeben und mitdünsten. Bei milder Hitze gut rühren, bis der Reis glasig ist.

5 Dann mit dem Wein ablöschen. Das Wasser dazugeben und gut würzen. 15 Min. auf kleiner Flamme sanft schmoren lassen, bis der Reis die Flüssigkeit aufgesaugt hat.

6 Inzwischen das Gemüse für die Dekoration putzen, schneiden und in etwas Öl kurz anbraten. Die Paella mit dem Gemüse schön garnieren.

Rote Bete

»Ich mache deine Wangen wieder rot!«

Ich bin ein besonders wertvolles Geschenk der Natur an dich! Hast du großen Appetit auf mich? Dann hast du mich sicherlich dringend nötig. Vielleicht das Eisen für dein Blut? Aber auch an weiteren Mineralien und an Vitaminen bin ich reich. Gesundheit pur, besonders wenn ich aus friedfertigem Anbau stamme, also in gesundem Erdreich gewachsen bin.

Rote-Bete-Gemüse

Für 4 Personen

1 kg Rote Bete

1 rote Paprikaschote

100 ml Orangensaft

30 g Margarine

1 TL Speisestärke

Salz

frisch gemahlener Pfeffer

50 g Puderzucker

Zubereitungszeit:

ca. 60 Minuten

Variante:
Je nach Saison z.B. 200 g rote Johannisbeeren pürieren und zu den Paprikawürfeln geben.

1 Die Wurzeln und Blätter von den Roten Beten abschneiden, die Knollen gut waschen und ca. 45 Min. in einem Topf mit Wasser bedeckt garen, bis sie weich sind.

2 Die Knollen herausnehmen, kalt abschrecken, gut abtropfen lassen, schälen und in dünne Scheiben schneiden. Die Paprikaschote putzen und feinhacken.

3 Den Puderzucker in einem Topf bei mittlerer Hitze unter ständigem Rühren karamellisieren und mit dem Orangensaft ablöschen. Die Margarine darin schmelzen.

4 Mit der Speisestärke anbinden und 5 Min. köcheln lassen. Die Paprikawürfel hinzufügen und weitere 5 Min. köcheln lassen. Mit Salz abschmecken. Die Rote-Bete-Scheiben untermischen und gut durchziehen lassen.

Rote Bete im Teigmantel

Für 4 Personen

500 g kleine Rote Bete

100 g Mehl

100 ml Bier oder
kohlensäurehaltiges
Mineralwasser

20 g zerlassene Margarine

1 kleine Zwiebel

50 ml Weißwein oder Apfelsaft

300 ml Gemüsebrühe

30 g frisch geriebener
Meerrettich oder aus dem Glas

Salz, Pfeffer, frisch gemahlen

1/4 TL Kümmel, ganz

Bratöl

Kresseblättchen zum Garnieren

Zubereitungszeit:

ca. 1,5 Stunden

1 Die Roten Bete putzen und in einem Topf mit Wasser, dem Kümmel und Salz ca. 45 Min. garen, dann herausnehmen und schälen.

2 Für den Teig das Mehl mit dem Bier glattrühren. Die Margarine unterziehen und salzen. Ca. 30 Min. ruhen lassen.

3 Für die Soße die fein gehackten Zwiebeln mit dem Weißwein etwas einkochen lassen. Die Gemüsebrühe hinzufügen und auf ca. 100 ml einkochen lassen. Meerrettich zufügen, mit Salz und Pfeffer würzen und mit einem Stabmixer pürieren.

4 Die Roten Bete mit einer Gabel durch den Bierteig ziehen und in heißem Öl goldbraun fritieren. Mit einem Schaumlöffel herausnehmen, abtropfen lassen und mit der Soße auf Tellern anrichten. Mit den Kresseblättchen garnieren.

Rote-Bete-Carpaccio

Für 4 Personen

500 g Rote Bete

1 Zwiebel

1 Karotte

2 Essiggurken

Salz

3 EL Olivenöl

1 EL Essig
(z.B. Himbeeressig)

1 TL Senf

1 Die Roten Bete ca. 60 Min. im Wasser kochen, schälen und in dünne Scheiben schneiden. Karotte würfeln und 2 Min. in kochendem Wasser blanchieren. Gurken und Zwiebel kleinschneiden.

2 Für das Dressing Essig, Senf, Salz und 3 EL Öl gut verrühren. Rote-Bete-Scheiben mit dem Dressing vermischen und mit den Karotten, den Gurken und den Zwiebeln schön anrichten.

Rosenkohl

»Ein Rosengruß der Natur an dich«

Sind meine Röschen auch fein und zierlich, so bin ich von meinem Gehalt an Vitaminen, Mineralien und weiteren guten Wirkstoffen her ein echter Kohl und sehr gesund. Ob gekocht, gedämpft oder geschmort, schmecke ich einfach vorzüglich. Und wenn ich aus friedfertigem Anbau stamme, habe ich garantiert keine Gifte aufgenommen und schenke dir nur Gutes!

Rosenkohl mit Nuss-Bröseln

Für 4 Personen

750 g Rosenkohl

40 g Margarine

50 g gemahlene Haselnüsse

50 g Semmelbrösel

Salz

frisch gemahlener Pfeffer

Kümmel, gemahlen

Zubereitungszeit:

ca. 40 Minuten

Serviervorschlag:
Mit Reis oder Petersilienkartoffeln und einem frischen Wintersalat

1 Vom Rosenkohl die äußeren Blätter und die Strünke entfernen. Rosenkohl waschen.

2 Rosenkohl 5 - 10 Min. in sprudelnd kochendem Salzwasser kochen, bis er knapp gar ist. Dann abgießen und gut abtropfen lassen.

3 Die Margarine in einer Pfanne erhitzen. Die gemahlenen Nüsse und die Semmelbrösel darin unter Rühren goldbraun braten.

4 Rosenkohl kleinschneiden, unter die Brösel mischen und kurz mit andünsten. Mit Salz, Pfeffer und Kümmel gut abschmecken.

Rosenkohl-Gratin

Für 4 Personen

500 g Rosenkohl

1 Zwiebel

2 EL Margarine

2 EL Weißwein

75 g Pinienkerne

2 EL Mehl

250 ml Hafermilch

Muskatnuss

Salz

Pfeffer, frisch gemahlen

Zubereitungszeit:

ca. 1 Stunde

Serviervorschlag:

Zu Reis, Pellkartoffeln oder einfach mit Brot

1 Den Rosenkohl waschen, putzen und in kochendem Salzwasser 8-10 Min. bissfest garen, abgießen und kalt abschrecken.

2 Die Zwiebel schälen, würfeln und in heißer Margarine andünsten. Die Hälfte der Pinienkerne den Zwiebeln hinzufügen.

3 Bechamelsoße: 1 EL Margarine erhitzen, das Mehl darin hell anschwitzen, den Wein und die Hafermilch dazugeben und glattrühren. Mit Salz, Pfeffer und Muskatnuss würzen und ca. 10 Min. köcheln lassen.

4 Den Rosenkohl in eine feuerfeste Form geben und mit Pfeffer und Muskatnuss würzen. Die Bechamelsoße darübergießen. Die Zwiebelmasse darauf verteilen, dann die restlichen Pinienkerne darüberstreuen und im Ofen bei 200 ° C ca. 15 Min. überbacken.

Rosenkohlsalat

Für 4 Personen

500 g Rosenkohl

1 Zwiebel

Petersilie

Salz

Olivenöl

Essig

Zubereitungszeit:

ca. 30 Minuten

1 Den Rosenkohl putzen und die gelben Blätter ablösen. Den Rosenkohl waschen und in kochendem Salzwasser ca. 10 Min. kochen, bis er gar ist. Herausnehmen und kalt abschrecken.

2 Die Rosenkohlröschen in Scheiben schneiden. Die Zwiebel und die Petersilie kleinhacken und mit dem Rosenkohl vermischen. Mit Salz, Öl und Essig gut würzen.

Salate

Unsere Familie zählt viele, viele Sorten - eine frischer und knackiger als die andere. Und genauso vielfältig ist auch unsere Verwendung: roh, auch mit Früchten und wilden Kräutern angereichert, geschmort oder überbacken - mit uns kannst du mit Phantasie viele leckere Gerichte zubereiten. Ob im Winter oder im Sommer, schenken wir dir immer eine frische Beilage, mit vielen Vitaminen, Mineralstoffen und Folsäure und z.T. auch Bitterstoffen.

»Wir geben dir viel Gutes für deinen Körper!«

Rucola mit Shiitake-Pilzen

Für 4 Personen

150 g frische Shiitake-Pilze

3 Tomaten

100 g Rucola

4 EL Croûtons

1 EL Margarine

Salz, Pfeffer

Olivenöl

Balsamico Essig

Zubereitungszeit:

ca. 25 Minuten

1 Die Shiitake-Pilze etwas putzen, grob hacken und in der heißen Margarine anbraten.

2 Den Rucola-Salat gut waschen. Die Tomaten waschen und vierteln.

3 Croûtons vorbereiten (siehe Rezept Seite 42). In einem kleinen Schälchen Essig, Öl, Salz und Pfeffer gut verquirlen.

4 Den Rucola-Salat, die Tomaten und die gebratenen Pilze auf einem Teller schön anrichten. Das Dressing darübergeben und die Croûtons darauf verteilen.

Geschmorter Chicorée

Für 4-6 Personen

4 Chicorées

1 mittelgroße Zwiebel, gehackt

1 EL Zucker

Saft von 1 Zitrone

80 ml Weißwein

50 g Petersilie

geröstete Mandelblättchen

Pfeffer, frisch gemahlen

Sonnenblumenöl

20 g Margarine

Zubereitungszeit:

ca. 45 Min.

Serviervorschlag:

Zu Reis
oder Kartoffelbrei.
Wahlweise statt Weißwein
Apfelsaft verwenden.

1 Chicorée putzen und in kochendem Salzwasser mit einem Schuss Zitronensaft 5 Min. kochen, dann den Chicorée aus dem Topf nehmen und abtropfen lassen.

2 Die Zwiebeln schälen, kleinhacken und in einer großen Pfanne in etwas Öl anbraten.

3 Den Chicorée dazugeben und mit anbraten. 1 EL Zucker hinzufügen und braun werden lassen.

4 Mit dem Weißwein ablöschen und dann mit Salz und Pfeffer gut abschmecken. Auf Tellern anrichten und mit Petersilie und gerösteten Mandelblättchen bestreuen.

Feldsalat mit Chicorée

Für 4 Personen

100 g Feldsalat

2 Chicorées

2 Äpfel

2 EL Apfelessig

3 EL Sonnenblumenöl

2 Handvoll Croûtons

Salz

Pfeffer, frisch gemahlen

1 Feldsalat mit viel Wasser 2 bis 3mal waschen und im Salatsieb gut abtropfen lassen. Chicorée waschen und in einzelne Blätter teilen. Äpfel in Scheiben schneiden.

2 Feldsalat auf einer Platte mit Chicorées und Äpfeln schön anrichten. Für das Dressing Öl, Apfelessig, Salz und Pfeffer vermischen. Dressing und Croûtons über den Salat geben.

Fenchel-Orangen-Salat

Für 4 Personen

4 Orangen

1 Zwiebel

600 g Fenchel

80 g schwarze Oliven

2 EL Zitronensaft

5 EL Orangensaft

1 TL edelsüßes Paprikapulver

Olivenöl

2 EL gehackte Petersilie

Salz

Pfeffer, frisch gemahlen

Zubereitungszeit:

ca. 20 Min.

1 Die Orangen schälen, die weiße Innenhaut entfernen und die Früchte zerteilen. Die Zwiebeln schälen und in feine Ringe schneiden.

2 Die Fenchelknollen waschen, den Wurzelansatz und die grünen Stängel abschneiden. Die Knollen längs in 2 mm dünne Scheiben schneiden.

3 Für die Soße Zitronensaft, Orangensaft, Paprikapulver, Salz und Pfeffer gut verrühren. Die Petersilie daruntermischen und zuletzt das Öl beigeben.

4 Fenchel, Zwiebelringe und Orangenstücke auf Tellern anrichten. Die schwarzen Oliven und die Soße darüber verteilen und etwas Petersilie darüberstreuen.

Endivien-Salat

Für 4 Personen

1 Endivien-Salat

50 g Postelein

1 Zwiebel

1 rote Paprika

Schnittlauch, gehackt

1 EL Senf

6 EL Öl, etwas Essig

100 g Walnüsse

Salz, Pfeffer

1 Den Endivien-Salat und den Postelein gut putzen. Endivien-Salat kleinschneiden. Die Zwiebel schälen und in dünne Ringe schneiden. Die Paprika putzen und klein würfeln.

2 Das Dressing: Öl mit Senf, 2 EL Wasser, gehackten Walnüssen, Essig, Salz und Pfeffer gut vermischen. Das Dressing über den Salat geben. Schnittlauch darüberstreuen.

Linsen-Salat

Für 4 Personen

250 g kleine braune Linsen

150 g Zwiebeln

80 g Lauch

150 g Möhren

250 g Tomaten

1-2 Lorbeerblätter

4 Gewürznelken

4 EL Olivenöl

1 EL gehackte Petersilie

1 EL Senf

1 Prise Zucker

6 EL Essig

Salz

Pfeffer, frisch gemahlen

Zubereitungszeit:

Linsen über Nacht einweichen
Zubereitungszeit: ca. 50 Min.

1 Die Linsen waschen und über Nacht einweichen, abgießen und mit Lorbeerblatt, Nelken und 1 EL Essig in 3/4 l frischem gesalzenen Wasser ca. 35 Min. kochen.

2 Für das Dressing den Essig mit dem Senf, einer Prise Zucker, Öl, Salz und Pfeffer gut verrühren.

3 Die Karotten schälen, klein würfeln und 5 Min. blanchieren. Den Lauch putzen. In dünne Streifen schneiden und 3 Min. blanchieren.

4 Die Zwiebeln schälen und kleinhacken. Die Tomaten klein würfeln. Das Gemüse mit den Linsen, dem Dressing und der Petersilie gut vermischen.

Radicchio mit Walnüssen

Für 4 Personen

250 g Radicchio

1 kleiner Apfel

4 getrocknete Datteln

30 g Walnüsse

1 EL Senf

6 EL Öl, 2 EL Wasser

Essig oder Zitronensaft

Salz, Pfeffer

1 Den Radicchio gut putzen und schneiden. Die Walnüsse trocken rösten. Die Datteln entkernen und in kleine Stücke schneiden. Den Salat auf Tellern anrichten, die Nüsse und Datteln dazugeben.

2 Für das Dressing 10 g Walnüsse ganz fein hacken und mit dem Senf, dem Öl, 2 EL Wasser, Salz und Pfeffer vermischen. Das Dressing über den Salat geben. Mit Apfelstücken garnieren.

Vinaigrette

Für 4 Personen

200 g Tomaten

2 Knoblauchzehen

40 g Lauch

Saft von 1/2 Zitrone

80 ml Olivenöl

2 EL gehackte Petersilie

2 EL Senf

Salz

Pfeffer, frisch gemahlen

1 Die Tomaten waschen und klein würfeln. Den Knoblauch schälen und feinhacken. Den Lauch putzen und in dünne Ringe schneiden.

2 Zitronensaft, Olivenöl und Senf verrühren. Tomaten, Knoblauch, Lauch, Petersilie, Salz und Pfeffer hinzufügen und gut vermischen. Passt zu gegrilltem und gebratenem Gemüse.

Avocado-Dip

Für 4 Personen

1 Avocado

Saft von 1 Zitrone

Salz, Pfeffer

Serviervorschlag:
Mit grünem Salat,
Tomatensalat,
gebratenem Gemüse
oder als Brotaufstrich

1 Die Avocado schälen, halbieren, entkernen, in Stücke schneiden.

2 Mit dem Zitronensaft, mit Salz und Pfeffer vermischen und fein pürieren.

Orangen-Dressing

Für 4 Personen

2 Orangen

1 Messerspitze Zucker

6 EL Öl

1 EL Schnittlauch

Salz

Pfeffer, gemahlen

1 Die Orangen auspressen und den Schnittlauch kleinhacken.

2 Alle Zutaten zu einem Dressing verrühren. Passt gut zu grünem Salat, auch mit Äpfeln.

»Wir leben!«

Sellerie

Ich bin eine stattliche, gehaltvolle Wurzelknolle und stehe dir den ganzen Winter über zur Verfügung. Manche mögen mich, weil ich so knackig bin und würzig schmecke, andere wegen meiner reinigenden Wirkung oder meines hohen Gehalts an Mineralstoffen. Du kannst mich überall verwenden: als Gemüse, in der Suppe, paniert als Schnitzel, köstlich als Salat ...

Sellerieschnitzel

Für 4 Personen

400 g Sellerie

60 g Mehl

100 ml Wasser

100 g Paniermehl

6 EL Bratöl

Salz

Saft einer Zitrone

frisch gemahlener Pfeffer

Streuwürze

Sesamsamen

Zubereitungszeit:

ca. 60 Minuten

Serviervorschlag:
Zu Kartoffelsalat und gedünstetem Gemüse

1 Sellerie schälen und in ca. 1 cm dicke Scheiben schneiden. Die Scheiben in sprudelnd kochendem Salzwasser mit etwas Zitronensaft ca. 8 Min. kochen.

2 Für die Paniercreme 60 g Mehl mit 100 ml Wasser klumpenfrei verrühren. Mit Salz, Pfeffer und der Streuwürze abschmecken.

3 Die Scheiben aus dem Wasser nehmen, gut abtropfen lassen, zuerst in der Paniercreme, dann im Paniermehl und zuletzt in den Sesamsamen wenden.

4 Das Öl in einer Pfanne erhitzen und die Sellerieschnitzel goldbraun braten. Auf Küchenpapier abtropfen lassen und warm servieren.

Sellerie mit Kapernsoße

Für 4 Personen

400 g Sellerie

1 Zwiebel

2 EL Kapern für die Soße

1 EL Kapern zum Dekorieren

2 EL Senf

4 EL Öl

4 EL Wasser

1 TL Streuwürze

Salz

Pfeffer, frisch gemahlen

Zubereitungszeit:

ca. 1,5 Stunden

Serviervorschlag:

Als Vorspeise,
bei einem kalten Buffet

1 Die Sellerieknolle gut putzen, schälen und in ca. 1 cm dicke Scheiben schneiden.

2 Die Selleriescheiben in sprudelnd kochendem Salzwasser ca. 10 Min. kochen.

3 Für die Soße die gehackte Zwiebel, die Kapern, den Senf, Öl und Wasser mit einem Mixer pürieren. Mit Salz, Pfeffer und Streuwürze abschmecken.

4 Die Selleriescheiben abtropfen lassen und in einer Schüssel in der Soße ca. 1 Stunde durchziehen lassen. Auf einer Platte schön anrichten und mit Kapern dekorieren.

Selleriesalat

Für 4 Personen

ca. 700 g Sellerie

1 Orange

200 ml Kokosmilch

20 g Walnüsse

Salz, Pfeffer

2 EL Essig

Zubereitungszeit:

ca. 30 Minuten

1 Den Sellerie putzen, schälen und grob raffeln. Die Orange in kleine Stücke schneiden. Die Kokosmilch mit dem Essig und den Gewürzen gut vermischen.

2 Den Sellerie, die Orangenstücke und die Walnüsse mit der Salatsoße gut vermischen. In einer Salatschüssel schön anrichten und mit Orangenscheiben und Walnüssen dekorieren.

Spinat

Mich kennt fast jeder von Kindheit an. Meine Blätter sind zart und gesund für deinen Körper. Meist werde ich gekocht für viele Gerichte wie Nudeln, Aufläufe, Suppen oder mit anderen Gemüsesorten zusammen verwendet. Meine Blätter schmecken auch vorzüglich roh, als Salat oder auf Brot, und schenken dir sehr viele Mineralien. Besonders gesund bin ich, wenn ich auf gesunden Feldern in friedfertigem Anbau wachsen durfte.

»Wir sind zart und schenken dir viele Mineralien«

Spinat-Spätzle

Für 4 Personen

400 g Weizenmehl

200 g gekochter Spinat

150 ml Wasser

200 g Zwiebeln

100 g Margarine

1 TL Salz

Zubereitungszeit:

ca. 40 Minuten

Serviervorschlag:
Mit einer Pilz-Soße zu gedünstetem Gemüse.

Variante:
Statt Spinat können Sie auch 3 EL gehackte gemischte Kräuter oder 3 EL Bärlauchsoße zu dem Teig geben.

1 Gekochten Spinat kleinhacken und mit dem Mehl in einer Schüssel gut vermengen. Das Wasser nach und nach hinzugießen und den Teig schlagen, bis er Blasen wirft.

2 Die Zwiebeln schälen und in dünne Scheiben schneiden. Die Margarine in einer Pfanne erhitzen und die Zwiebeln darin goldbraun anbraten.

3 Den Spätzle-Teig portionsweise durch eine Spätzle-Reibe in kochendes Salzwasser streichen. Die Spätzle sind gar, wenn sie an der Wasseroberfläche schwimmen.

4 Die fertigen Spätzle mit einem Schaumlöffel aus dem Kochwasser heben und gleich mit den gebratenen Zwiebeln in der Pfanne vermischen. Dann auf einer Platte schön anrichten.

Spinat-Nockerln

Für 4 Personen

500 g Spinat

250 g Weißbrot vom Vortag

100 ml Hafermilch

80 g Mehl

50 g Margarine

1 Knoblauchzehe

8 Salbeiblätter

Muskatnuss

Salz

Pfeffer, frisch gemahlen

Zubereitungszeit:

ca. 40 Min.

Serviervorschlag:
Mit einem Rucola-Salat und einem italienischen Weißwein

1 Das Weißbrot klein würfeln, mit der Milch begießen und durchmischen.

2 Den Spinat verlesen, waschen, in kochendem Salzwasser kurz kochen, gut ausdrücken und fein hacken. Zu dem eingeweichten Brot geben.

3 Das Mehl hinzufügen, mit Salz, Pfeffer und Muskatnuss kräftig würzen und gut vermischen.

4 Mit Hilfe eines Esslöffels größere Nockerln aus der Teigmasse formen.

5 Die Nockerln in kochendes Salzwasser geben und bei reduzierter Hitze 5 bis 7 Min. garen lassen. Die Nockerln herausnehmen und gut abtropfen lassen.

6 In einer Pfanne die Margarine zerlassen, die Salbeiblättchen darin schwenken und dann die Nockerln hinzufügen und kurz mitschwenken.

Hinweis:
Das Originalrezept sieht die
Verwendung von Parmesankäse vor.
Das *Tierfreundliche Kochbuch*
empfiehlt statt dessen geröstete
Mandeln, Pinienkerne
oder Sonnenblumenkerne.

Tomaten

»Wir schenken dir unsere Freude!«

Mit unserer fröhlichen Farbe, unserem herrlichen Duft und frischen Aroma sind wir eine Lieblingsfrucht in der ganzen Welt. Roh als Salat zubereitet, erfreuen wir dich mit unserer Frische und schenken dir die Kraft der Sonne weiter, die uns wachsen und reifen ließ; als Soße, gefüllt oder überbacken bereichern wir jede Speise. Unser volles Aroma kommt besonders gut zur Geltung, wenn wir in friedfertigem Anbau, ohne Mist und Gülle, ohne Chemie und Klärschlamm wachsen durften.

Tomatensuppe

Für 4 Personen

500 g Tomaten

50 g Karotten

1 große Zwiebel

1 Knoblauchzehe

2 EL Olivenöl

0,5 l Wasser

Salz

frisch gemahlener Pfeffer

Basilikum

Oregano

Zubereitungszeit:

ca. 45 Minuten

Serviervorschlag:

Hervorragend schmeckt die Suppe auch mit viel frischem Basilikum.

1 Die Zwiebel und den Knoblauch schälen und kleinhacken. Karotten schälen und in Scheiben schneiden. Tomaten putzen und grob vierteln.

2 Das Öl in einem Topf erhitzen, die Zwiebel und den Knoblauch darin glasig andünsten. Die Karotten hinzufügen und weitere 5 Min. mit andünsten.

3 Mit Salz, Pfeffer und Oregano abschmecken. Die Tomaten und das Wasser hinzufügen und ca. 1/2 Stunde kochen lassen.

4 Die Suppe mit einem Stabmixer pürieren und mit frischem Basilikum garnieren.

Tomaten mit Reisfüllung

Für 4-6 Personen

12 reife,
aber feste Tomaten

3 EL Langkornreis

4 EL gehackte Petersilie

4 EL Olivenöl

Muskatnuss

Salz, Pfeffer, frisch gemahlen

Zubereitungszeit:

ca. 60 Minuten

Serviervorschlag:
Mit frischem
italienischen Salat

1 Den Reis in reichlich Salzwasser knapp gar kochen, abgießen und gut abtropfen lassen. Backofen auf 170° C vorheizen.

2 Die Tomaten waschen und so aufschneiden, dass ein Deckelchen entsteht. Tomaten aushöhlen.

3 Das Fruchtfleisch und die Deckelchen hacken und mit dem Reis, der Petersilie und der Hälfte des Öls vermischen. Mit Salz, Pfeffer und Muskatnuss abschmecken.

4 Die Tomaten in eine gefettete ofenfeste Form setzen. Die Reisfüllung in die Tomaten geben und mit dem restlichen Öl beträufeln. Im vorgeheizten Ofen bei 170° C ca. 30 Min. backen.

Tomaten nach provenzalischer Art

Für 4 Personen

4 große Tomaten

4 EL Paniermehl

4 Knoblauchzehen

2 EL Olivenöl

Salz, Kräuter der Provence

Zubereitungszeit:

ca. 20 Minuten

1 Die Tomaten halbieren und salzen. Knoblauch schälen und zerdrücken. Paniermehl und Knoblauch mit den Kräutern gut vermischen. Ofen auf 220° C vorheizen.

2 Die Paniermehl-Kräuter-Mischung auf den Tomaten verteilen und mit etwas Öl beträufeln. Auf einem gefetteten Backblech im Ofen bei 220°C ca. 10 Min. backen.

Gazpacho

Für 4 Personen

130 g Weißbrot ohne Rinde

2 kleine Zwiebeln

3 Knoblauchzehen

300 g rote Paprikaschoten

600 g Tomaten

250 g Salatgurken

3 EL Olivenöl

1/2 l kalte Gemüsebrühe

Salz

Pfeffer, frisch gemahlen

ca. 12 grüne Oliven

frische Kräuter
(z. B. Oregano, Basilikum)

Zubereitungszeit:

ca. 1,5 Stunden

Serviervorschlag:
Eine beliebte,
erfrischende Suppe
für den Sommer

1 Brot würfeln; ca. 50 g davon kurz in Wasser einweichen und ausdrücken. Eine gehackte Zwiebel und zwei gehackte Knoblauchzehen mit dem Brot mischen, 2 EL Öl zugießen und fein pürieren.

2 Die Paprikaschoten und die Tomaten putzen und in feine Würfel schneiden. Die Gurken waschen, schälen und ebenfalls kleinwürfeln.

3 Das vorbereitete Gemüse zu der Brotmischung geben und mit einem Stabmixer fein pürieren, abschmecken und 1 Std. im Kühlschrank kühlen lassen. Mit der kalten Gemüsebrühe mischen.

4 Restliche Brotwürfel zusammen mit einer gehackten Knoblauchzehe in 1 EL Öl goldgelb rösten. Die Oliven halbieren. Die Suppe in Tellern anrichten und mit Croûtons und Oliven garnieren.

Tomaten-Cocktail

Für 2 Gläser

300 g reife Tomaten

300 ml Wasser

1 Prise Pfeffer

3 Prisen Salz

Zubereitungszeit:

ca. 15 Minuten

1 Die Tomaten schneiden, mit kaltem Wasser, Salz und Pfeffer gut vermischen.

2 Die Tomaten mit einem Stabmixer fein pürieren. In 2 Gläser verteilen, eisgekühlt servieren.

Zucchini

*W*ir sind sonnige Früchte aus dem Süden, die zur Familie der Kürbisse gehören. Unser zartes Fleisch und unser mildes Aroma machen uns für viele leckere Gerichte geeignet; du kannst uns zu Nudeln und Reis reichen, aber auch herzhafte Gratins und Beilagen aus uns bereiten. Wir gesellen uns auch gern zu anderen Gemüsesorten und schmecken am besten mit vielen frischen Kräutern.

»Wir schenken dir die Kraft der Sonne, die in uns ist!«

Gefüllte Zucchini

Für 4 Personen

4 große oder 8 kleine Zucchini

100 g gekochter Reis

500 g Tomaten

130 g Zwiebeln

1-2 Knoblauchzehen

2 EL Olivenöl

20 g Margarine

1/8 l heiße Gemüsebrühe

Salz

frisch gemahlener Pfeffer

2 TL edelsüßes Paprikapulver

1 Prise Zucker

Petersilie

Dill, Oregano

Zubereitungszeit:

ca. 60 Minuten

1 Die Zucchini waschen und der Länge nach halbieren. Mit einem Löffel aushöhlen und das Fruchtfleisch klein würfeln. Zwei Tomaten würfeln und zwei in dünne Scheiben schneiden.

2 Das Zucchinifruchtfleisch mit dem Reis, den gewürfelten Tomaten und 50 g fein gehackten Zwiebeln gut vermischen. Mit Salz, Pfeffer und Kräutern abschmecken.

3 Für die Tomatensoße die restlichen Tomaten würfeln. 80 g gehackte Zwiebeln und den gehackten Knoblauch in 2 EL Olivenöl glasig andünsten. Die Tomaten hinzufügen, würzen und ca. 15. Min kochen. Am Schluss mit Oregano abschmecken.

4 Die Füllung in die Zucchinihälften geben und diese in eine feuerfeste Form setzen. Mit den Tomatenscheiben belegen. Die Gemüsebrühe in die Form gießen. Bei 200 °C im vorgeheizten Ofen ca. 25 Min. garen. Mit der Tomatensoße servieren.

Zucchini-Gratin

Für 4 Personen

800 g Zucchini

1 Zwiebel

1/8 l kräftig gewürzte
Gemüsebrühe

100 g schwarze Oliven

Olivenöl

2 Knoblauchzehen

5 EL gehackte Petersilie

Salz

Pfeffer, frisch gemahlen

30 g Semmelbrösel

Zubereitungszeit:

ca. 45 Min.

Serviervorschlag:
Mit Petersilien-Kartoffeln,
Reis oder Brot und
einem Salat

1 Die Zucchini von den Enden befreien, der Länge nach vierteln und in ca. 2 cm breite Stücke schneiden. Den Knoblauch schälen und kleinschneiden.

2 Die Petersilie waschen, kleinhacken und mit dem Knoblauch und den Oliven mischen. Die geschälten Zwiebeln hacken und in etwas Öl glasig andünsten.

3 Die Zucchiniwürfel zugeben und bei kleiner Hitze etwa 10 Min. dünsten. Mit Salz und Pfeffer abschmecken und mit der Petersilie und den Oliven mischen.

4 Alles in eine gefettete Gratinform geben und mit der Gemüsebrühe begießen. Mit den Semmelbröseln bestreuen und bei 200° C im vorgeheizten Ofen ca. 15 Min. goldbraun überbacken.

Zucchini provençales

Für 4 Personen

1 kg Zucchini

Salz

Pfeffer, frisch gemahlen

Olivenöl

Kräuter der Provence

Zubereitungszeit:

ca. 1,5 Stunden

1 Die schräg geschnittenen Zucchinischeiben mit einer Marinade aus 2 EL Öl, Pfeffer, Salz, Kräuter der Provence bestreichen und 1 Stunde durchziehen lassen.

2 2 EL Öl in einer Pfanne gut erhitzen und die Zucchinischeiben mit der Marinade darin braten. Als Vorspeise oder mit Weißbrot als Mahlzeit servieren.

Zwiebeln

Als Gewürz und als Gemüse bin ich seit der Zeit der Pharaonen geschätzt und unentbehrlich. Mein Aroma ist unvergleichlich würzig und rundet jedes Gericht ab, sowohl roh in Salaten oder auf Brot als auch gekocht in Soßen, Eintöpfen, Suppen und vielem mehr. Deinem Körper schenke ich viele Vitamine und Mineralstoffe wie Kalium und Folsäure. So bin ich gut für dich in jeglicher Hinsicht und wünsche dir viel Kraft aus der friedfertigen Natur.

Zwiebel-Bruschetta

Für 4-6 Personen

12 Scheiben helles Brot

1 kg Zwiebeln

3 EL kleine schwarze Oliven

Basilikumblättchen

4 EL Olivenöl

Salz

frisch gemahlener Pfeffer

Thymian

Zubereitungszeit:

ca. 35 Minuten

Variante:
Wenn Sie die Zwiebeln andünsten, können Sie etwas edelsüßes Paprikapulver oder Curry hinzufügen.

1 Die Brotscheiben im Ofen bei 200° C oder im Toaster hellbraun rösten.

2 Die Zwiebeln schälen und in feine Streifen schneiden.

3 Das Öl in einer Bratpfanne erhitzen, die Zwiebeln dazugeben und andünsten, bis sie hellgelb und weich sind. Mit Salz, Pfeffer und Thymian abschmecken.

4 Die Zwiebeln lauwarm mit den Oliven und den Basilikumblättchen vermischen und auf den gerösteten Brotscheiben servieren.

Zwiebelsuppe

Für 4-6 Personen

3-4 große Zwiebeln

1 EL Mehl

200 ml Weißwein

700 ml Gemüsebrühe

75 g Margarine

Salz

Pfeffer, frisch gemahlen

Zubereitungszeit:

ca. 40 Minuten

1 Die Zwiebeln schälen und in dünne Ringe schneiden.

2 Die Margarine in einem Topf erhitzen und die Zwiebeln darin ca. 20 Min. bei geringer Hitze andünsten.

3 Das Mehl hinzufügen und unter ständigem Rühren den Weißwein und die Gemüsebrühe dazugießen.

4 Mit Salz und Pfeffer abschmecken und sofort in Tellern - evtl. mit Toastbrot oder Croûtons - servieren.

Zwiebelringe

Für 4 Personen

2 größere Zwiebeln

100 g Mehl

100 ml Bier oder kohlensäurehaltiges Mineralwasser

20 g zerlassene Margarine

Salz, Bratöl

1 Die Zwiebeln schälen und in dünne Ringe schneiden. Für den Bierteig das Mehl mit dem Bier mit einem Schneebesen glattrühren. Die zerlassene Margarine untermischen.

2 Das Öl in einem Topf erhitzen. Die Zwiebelringe nacheinander mit einer Gabel durch den Teig ziehen und im Öl goldbraun frittieren. Gut als Aperitifgebäck geeignet.

Zwiebel-Relish

Für 4-6 Personen

---

300 g Zwiebeln

1/8 l Weißwein oder Apfelsaft

1 EL Essig

1 TL edelsüßes Paprikapulver

2 EL Öl

Salz

Pfeffer, frisch gemahlen

Zubereitungszeit:

ca. 40 Minuten

Variante:
Statt Paprikapulver
Curry, Ingwer und
etwas Zucker
verwenden.

1 Die Zwiebeln schälen und in grobe Würfel oder Scheiben schneiden.

2 Das Öl in einer Bratpfanne erhitzen und die Zwiebeln darin andünsten.

3 Mit Weißwein ablöschen und mit Essig, Salz, Pfeffer und Paprikapulver gut würzen.

4 Das Relish weiterköcheln lassen, bis die Flüssigkeit eingekocht ist.

Glasierte Zwiebeln

Für 4 Personen

---

10 kleine Zwiebeln

4 EL Öl

2 EL Zucker

100 ml Weißwein oder Apfelsaft

Salz

Zubereitungszeit:

ca. 40 Minuten

1 Die kleinen Zwiebeln schälen. Das Öl in einer Bratpfanne erhitzen, die Zwiebeln darin anbraten, den Zucker dazugeben und braun werden lassen.

2 Mit Weißwein ablöschen, salzen und ca. 30 Min. köcheln lassen. Kalt als Vorspeise oder zum Aperitif servieren.

Gemischtes Gemüse

»Wir dienen dir gerne!«

𝒲ir sind Kinder aus dem Garten Gottes und dienen dir gerne. Wir erfreuen dich mit unserer Vielfalt, mit unseren Farben und Formen und sind voller Lebenskraft für dich! Wir danken dem Schöpfer für die Kraft der Sonne und der Erde, für den Regen und die Wärme, die uns auf gutem Boden in friedfertigem Anbau wachsen und gedeihen ließen. Diese Kraft und diese Freude schenken wir weiter an dich.

Gemüsesuppe

Für 4 Personen

100 g weiße Bohnen

50 g Lauch

100 g Möhren

100 g Sellerie

200 g Kartoffeln

200 g Zucchini

200 g Blumenkohl

2 EL Olivenöl

2 l Gemüsebrühe

Salz

frisch gemahlener Pfeffer

5 EL gehackte Petersilie

Zubereitungszeit:

Bohnen am Vortag einweichen
Zubereitung ca. 1 Stunde

Serviervorschlag:
Reis oder kleine Nudeln hinzufügen.

1 Die Bohnen mit kaltem Wasser bedecken und über Nacht einweichen. Die Bohnen ca. 30 Min. in Wasser kochen, ohne Salz!

2 Alle anderen Gemüsearten waschen, putzen und in gleich große Würfel schneiden. Die Petersilie waschen und hacken.

3 Das Öl in einem Topf erhitzen und zunächst Lauch, Möhren und Sellerie etwas anschwitzen. Dann die Kartoffeln, die Zucchini und den Blumenkohl hinzufügen.

4 Die Bohnen dazugeben, die Gemüsebrühe aufgießen und die Suppe ca. 30 Min. köcheln lassen. Mit Salz und Pfeffer würzen. Am Schluss Petersilie darüberstreuen. Mit Weißbrot servieren.

Asiatische Gemüseschüssel

Für 4 Personen

250 g festkochende Kartoffeln

150 g rote Paprikaschote

4 Zwiebeln

100 g kleine Möhren

150 g grüne Bohnen

300 ml Kokosmilch

1 EL Currypulver

Pflanzenöl

ca. 100 ml Wasser

Salz

Pfeffer, frisch gemahlen

gemahlener Koriander

Zubereitungszeit:

ca. 50 Minuten

Serviervorschlag:
Zu Reis oder einfach mit einem Stück Weißbrot. Mit einem Jasmintee oder Schwarztee

1 Die Kartoffeln schälen und würfeln. Die Paprikaschote putzen und in große Würfel schneiden. Die Zwiebeln und die Karotten schälen und in Stäbchen schneiden. Die Bohnen in ca. 3 cm lange Stücke schneiden.

2 Das Öl in einer großen Bratpfanne erhitzen. Die Zwiebeln, die Kartoffeln und die Karotten bei großer Hitze ca. 3 Min. anbraten.

3 Das restliche Gemüse hinzufügen und weitere 5 Min. mitbraten.

4 1 EL Currypulver dazugeben, alles gut vermischen und kurz weiter anbraten.

5 Mit der Kokosmilch ablöschen. Ca. 100 ml Wasser hinzufügen.

6 Mit Salz, Pfeffer und Koriander abschmecken und zugedeckt auf kleiner Flamme weiterköcheln lassen, bis die Kartoffeln und Karotten gar sind. Bei Bedarf noch etwas Wasser hinzufügen.

Griechischer Gemüsetopf

Für 4–6 Personen

500 g Auberginen

300 g Zwiebeln

300 g grüne und gelbe Paprika

300 g Zucchini

250 g Stangenbohnen

500 g Tomaten

4 Knoblauchzehen

6 EL Olivenöl

1 TL Zucker

2 Lorbeerblätter

2 TL Oregano

1 TL Thymian

1 Bund Petersilie, gehackt

Salz

Pfeffer, frisch gemahlen

gemahlener Koriander

Zubereitungszeit:

ca. 1 Stunde

Serviervorschlag:
Zu Reis oder mit Brot.

1 Die Auberginen waschen und in ca. 2cm große Würfel schneiden. Mit Salz bestreuen und etwas ruhen lassen, damit sie den bitteren Geschmack verlieren. Dann mit Küchenpapier gut trockentupfen.

2 Die Zwiebeln schälen und in Scheiben schneiden. Die Paprikaschoten putzen und in Ringe schneiden. Die Zucchini putzen und in Scheiben schneiden. Die Bohnen putzen und in Stücke schneiden. Den Knoblauch hacken, die Tomaten würfeln.

3 Das Öl in einer großen Bratpfanne erhitzen, und die Zwiebeln darin glasig dünsten. Mit Zucker bestreuen und leicht karamellisieren lassen.

4 Die Auberginen dazugeben und braun anbraten.

5 Das restliche Gemüse (ohne Tomaten) und den Knoblauch hinzufügen und unter ständigem Rühren 5 Min. mitbraten.

6 Die Tomaten dazugeben, mit Salz und Pfeffer gut abschmecken und die Gewürze und Kräuter (ohne Petersilie) untermischen. Zugedeckt bei schwacher Hitze etwa 15 Min. schmoren. Am Schluss mit Petersilie bestreuen.

Pfannkuchen mit Gemüse

Für 4-6 Personen

250 g Maismehl

250 g helles Weizenmehl

1 l Wasser

200 g Zwiebeln

250 g Mangold, Karotten, Zucchini oder Gemüse der Saison

Salz

Pfeffer, frisch gemahlen

Öl

Zubereitungszeit:

ca. 40 Minuten

Variante:

Füllen Sie die Pfannkuchen mit Dips, einigen frischen Tomaten- oder Gurkenscheiben und einigen Salatblättern.

1 Die beiden Sorten Mehl mit einer Prise Salz und dem Wasser klumpenfrei vermischen, bis ein dickflüssiger Omeletteteig entsteht. Den Teig ca. 30 Min. quellen lassen.

2 Inzwischen die Zwiebeln schälen, kleinschneiden und in etwas Öl andünsten. Das Gemüse putzen, in Stückchen oder Streifen schneiden und mit anbraten. Mit Salz und Pfeffer abschmecken.

3 Etwas Öl in einer Pfanne erhitzen und jeweils einen kleinen Schöpflöffel Teig zu einem Pfannkuchen auf einer Seite goldbraun backen.

4 Den Pfannkuchen auch auf der anderen Seite goldbraun backen und mit dem gedünsteten Gemüse füllen.

Frittata

Für 4-6 Personen

250 g Maismehl

250 g helles Weizenmehl

1 l Wasser

200 g Zwiebeln

250 g Mangold, Karotten, Zucchini oder anderes Gemüse

Salz, Pfeffer, frisch gemahlen

Öl

1 Den Teig für die Frittata wie in obenstehendem Rezept zubereiten. Die Zwiebeln schälen und in etwas Öl andünsten. Das Gemüse putzen, kleinschneiden und kurz mit anbraten.

2 Einen Schöpflöffel Teig mit dem angedünsteten Gemüse zu einer Frittata formen und auf beiden Seiten goldbraun backen.

Vegi-Party

Für 4-6 Personen

300 g Cocktail-Tomaten
oder kleine Tomaten

2 kleine Gurken

1 rote Paprika

3 Stangensellerie

1 Glas iBi-Kräutergarten

1 Glas iBi-Hot

3 TL iBi-naise

gemischte Kräuter
(Basilikum, Petersilie, Dill)

Salz

Zubereitungszeit:

ca. 40 Minuten

Serviervorschlag:
*Für ein kaltes Buffet:
Dekorieren Sie Platten
mit gefülltem Gemüse
und Bruschetta.*

1 Tomaten putzen und halbieren, die rote Paprika putzen und längs in Stücke schneiden, Gurke längs schneiden, Selleriestangen putzen und in ca. 4 cm lange Stücke schneiden.

2 Die Tomaten- und Gurkenhälften aushöhlen und salzen. 1 Glas iBi-Kräutergarten mit 3 TL iBi-naise und mit den kleingehackten Kräutern gut vermischen.

3 Die iBi-Masse in eine Deko-Spritze geben und damit die Tomaten und Gurken füllen. Gurken in Stücke schneiden. Mit Basilikum und Petersilie garnieren.

4 Mit der Deko-Spritze iBi-Hot in die Sellerie- und Paprikastücke füllen. Die verschiedenen Gemüsesorten auf einer Platte schön dekorieren.

Bruschetta

Für 4 Personen

1/2 Baguette

200 g Tomaten

Olivenöl

4 TL Bärlauchsoße oder Pesto

einige schwarze Oliven

frisches Basilikum

1 Das Brot in Scheiben schneiden und in einer Pfanne in heißem Öl auf beiden Seiten goldgelb braten. Die Tomaten putzen und in Stückchen schneiden.

2 Die Brotscheiben mit Bärlauchsoße oder Pesto bestreichen. Einige Tomatenstückchen darauf verteilen, mit einer schwarzen Olive und Basilikumblättchen dekorieren.

Früchte & Desserts

Unsere Vielfalt ist außerordentlich groß, und jede Sorte ist von ganz eigener Art: mal herzhaft, mal mild; mal säuerlich, mal süß, mal knackig, und immer mit einem besonderen, typischen Aroma. Und genauso vielfältig erfreuen wir dich in Haupt-, Vor- und Nachspeisen, als Salat, in Gebäck, zu Zwischenmahlzeiten und vielem mehr. Wir erfrischen dich und schenken dir Freude mit unseren Farben und unserem Geschmack. Obst essen ist gesund, besonders dann, wenn wir ohne Chemie und unter natürlichen Bedingungen heranreifen durften.

»Wir erfrischen dich und schenken dir Freude!«

Flambierte Bananen

Für 4 Personen

6 Bananen

80 g Margarine

80 g Zucker

4 cl. Grand Marnier

4 cl. Stroh-Rum 80%

Zubereitungszeit:

ca. 25 Minuten

Variante:

Sie können dieses Rezept auch mit Ananasstücken ausprobieren. Zu den flambierten Früchten passt sehr gut ein kühles Zitronensorbet.

1 Die Bananen schälen, längs halbieren und einmal quer schneiden.

2 In einer Bratpfanne die Hälfte der Margarine erhitzen, den Zucker dazugeben und unter Rühren braun werden lassen. Die Bananen hinzufügen.

3 Die Bananenstücke bei starker Hitze von beiden Seiten anbraten. Grand Marnier und Stroh-Rum dazugeben.

4 Die Pfanne etwas schräg halten und den Alkohol mit einem Streichholz vorsichtig in Flammen setzen. Die flambierten Bananen auf Tellern anrichten.

Birnen in Rotwein

Für 4 Personen

1,5 l Rotwein
(z.B. spanischer Rioja)

280 g Zucker

8 Birnen
(je etwa 100 g)

Zimtrinde

2 Nelken

2 Scheiben unbeh. Zitrone

2 Pimentkörner

Salz

Pfeffer, frisch gemahlen

Zubereitungszeit:

ca. 1,5 Stunden

Serviervorschlag:

Als warme Nachspeise
mit Zimteis

1 Den Wein, den Zucker und die Zitronenscheiben in einem großen Topf zum Kochen bringen und zu einem dünnen Sirup etwa auf die Hälfte einkochen lassen.

2 Die Birnen schälen, den Blütenansatz entfernen, aber nicht den Stiel.

3 Die Birnen in den Rotweinsirup legen. Die Gewürze hinzufügen. Alles wieder zum Kochen bringen und ca. 15 Min. bei kleiner Hitze köcheln lassen.

4 Die Birnen mit einem Schaumlöffel herausheben und auf einer Schale anrichten. Den Sirup nochmals etwas einkochen lassen, die Birnen damit übergießen und mit Teegebäck servieren.

Schokoladen-Creme

Für 4 Personen

100 g Blockschokolade

500 ml Kokosmilch

2 EL Weizenstärke

Zucker nach Wunsch

50 g Margarine

Zubereitungszeit:

ca. 30 Minuten

1 2 EL Wasser und 2 EL Kokosmilch in einem Kochtopf erwärmen und die Schokolade darin schmelzen lassen. Die Weizenstärke in die restliche Kokosmilch rühren.

2 Die aufgelöste Weizenstärke in die Schokolade gießen. Unter ständigem Rühren kurz aufkochen lassen. Die Margarine hinzufügen und gut vermischen. In Schälchen füllen und kalt stellen.

Reispudding mit Orangensalat

Für 4 Personen

1 l Reismilch

80 g Milchreis

30 g Weizen- oder Maisstärke

100 g Zucker

100 g Mandelblättchen

1 Vanilleschote

1 Orange

50 g Pinienkerne

Teegebäck zur Dekoration

Für den Orangensalat:

4 Orangen

8 getrocknete Datteln

50 g Rosinen

1/2 TL gemahlener Zimt

Saft einer Orange

Zubereitungszeit:

ca. 40 Min.

Serviervorschlag:

Als Nachspeise mit frischem Fruchtsaft servieren

1 Die Rosinen 30 Min. im Orangensaft einweichen. Die Pinienkerne in einer Pfanne trocken rösten. Eine Orange schälen und in dünne Scheiben schneiden.

2 Für den Reispudding die Reismilch in einem Topf zum Kochen bringen und den Reis unter Rühren einrieseln lassen. Die Hitze reduzieren und 20 Min. köcheln lassen.

3 Weizen- oder Maisstärke mit etwas Wasser anrühren und unter den Reis mischen. Zucker und Mandeln einrühren und die aufgeschnittene Vanilleschote dazugeben. Den Pudding so lange köcheln lassen, bis er eingedickt ist.

4 Vanilleschote herausnehmen, den Pudding in Dessertschalen füllen, mit Orangenscheiben und Rosinen, mit der Hälfte der Pinienkerne und Teegebäck dekorieren. Mit Zimt bestreuen.

5 Für den Orangensalat die restlichen Orangen schälen, die weiße Innenhaut möglichst entfernen und in ca. 4 mm dünne Scheiben schneiden.

6 Die Datteln entkernen und in kleine Würfel schneiden. Die Orangenscheiben auf Tellern verteilen, mit den Dattelwürfeln und den restlichen Pinienkernen bestreuen.

„Arme Ritter" mit Kirsch-Rotwein-Sirup

Für 4 Personen

150 ml Reismilch

2 EL Zucker

1 EL Zimt

1/2 Baguette

Margarine

Für den Ausback-Teig:

100 ml Wasser

100 ml Cidre
oder Apfelsaftschorle

75 g Mehl

Für den Rotwein-Sirup:

3 EL Zucker

20 g Margarine

200 g Kirschen,
frisch, tiefgefroren oder im Glas

100 ml Rotwein

Zubereitungszeit:

ca. 40 Min.

Variante:

Statt Rotwein kann ohne weiteres auch Sauerkirschnektar verwendet werden.

1 Baguette in 8 Scheiben schneiden, je ca. 2 cm dick.

2 Die Reismilch mit dem Zucker und mit dem Zimt vermischen. Für den Crêpes-Teig das Mehl mit dem Wasser und mit dem Cidre zu einem geschmeidigen Teig rühren.

3 Die Brotscheiben zuerst in die Reismilch-Mischung tunken ...

4 und dann gleich im Ausback-Teig wenden.

5 Etwas Margarine in einer Bratpfanne erhitzen und die Brotscheiben darin nach und nach von beiden Seiten goldgelb anbraten. Warm stellen und inzwischen den Sirup vorbereiten.

6 Für den Kirsch-Rotwein-Sirup 2 EL Zucker in einer Pfanne braun werden lassen. 20 g Margarine hinzufügen. Die Kirschen, den Rotwein und den restlichen Zucker nacheinander hinzufügen und auf kleiner Flamme köcheln lassen, bis ein Sirup entsteht.

Crêpes mit Himbeeren

Für 4 Personen

Für den Crêpes-Teig:

200 ml Wasser

200 ml Cidre
oder Apfelsaftschorle

150 g Mehl

1 TL Zucker

1 Messerspitze Salz

100 g Margarine

Für die Füllung:

250 g frische
oder gefrorene Himbeeren

2 Orangen (unbehandelt)

1 Zitrone

40 g Zucker oder Honig

1/8 l Weißwein oder Apfelsaft

50 g Margarine

Zubereitungszeit:

ca. 40 Min.

1 Für den Crêpes-Teig in einer Schüssel Mehl, Wasser, Cidre, Salz und Zucker mit einem Schneebesen glattrühren.

2 Jeweils 1 Löffel Margarine in einer Pfanne erhitzen und je einen kleinen Schöpflöffel Teig zu einem Crêpe auf beiden Seiten goldbraun backen.

3 Für die Soße die Orangen unter heißem Wasser abbürsten und die Schale dünn abreiben. Die Orangen und die Zitrone auspressen.

4 In einer Pfanne die Margarine zerlassen und den Zucker unter Rühren darin schmelzen, bis die Mischung leicht hellbraun ist.

5 Den Orangen- und Zitronensaft sowie die abgeriebene Schale zufügen. Den Weißwein zugießen und etwa 10 Min. bei geringer Hitze köcheln lassen.

6 Die Crêpes zur Hälfte, dann auf ein Viertel und noch einmal zum Achtel falten, in die Orangensoße legen und darin wenden. Noch einige Min. bei geringer Hitze ziehen lassen und öfters wenden. Die Himbeeren darüber verteilen und auf Tellern noch warm servieren.

Rotwein-Erdbeeren

Für 4 Personen

600 g kleine Erdbeeren

150 g Zucker

1/2 l Rotwein

Zubereitungszeit:

20 Min.

Serviervorschlag:
Dazu eine Kokos-Vanille-Soße servieren.

1 Die Erdbeeren waschen und gut abtropfen lassen. Stielansatz und Blättchen abzupfen.

2 Die Beeren in eine große Schale legen.

3 Den Zucker darüberstreuen und mit dem Wein aufgießen.

4 Bei Zimmertemperatur durchziehen lassen und dann in Dessertschalen füllen.

Gefüllte Datteln

Für 4 Personen

8 getrocknete Datteln

100 g Nüsse

50 g Zucker

2 EL Grappa

Zubereitungszeit:

ca. 30 Minuten

1 Die Datteln längs einschneiden und entsteinen, ohne sie ganz zu halbieren. Die Walnüsse im Mixer fein pürieren.

2 Die pürierten Walnüsse mit dem Zucker und dem Grappa kräftig mischen. Die Masse mit einem Spritzbeutel in die Datteln füllen.

Nuss-Bananen-Kuchen

Für 1 Kuchen

Für den Teig:

500 g Mehl

100 g Zucker

100 g Margarine

80 ml Pflanzenöl

140 g iBi-Pur

Für die Füllung:

400 g Nüsse, 3 Bananen

100 g iBi-Pur

70 g Zucker

Für die Puderzuckerglasur:

250 g Puderzucker

Saft von 1 Zitrone

Wasser nach Bedarf

Mandelblättchen
zum Dekorieren

Zubereitungszeit:

ca. 1,5 Stunden

1 Mehl, Zucker und Margarine mit iBi-Pur und mit dem Pflanzenöl gut verrühren und zu einem geschmeidigen Teig kneten.

2 1/3 des Teiges beiseitelegen und mit den anderen 2/3 eine Kuchenform auslegen. Den Teig ca. 10-15 Min. bei 170° C im Backofen vorbacken.

3 Die Nüsse grob zerkleinern und mit den zerdrückten Bananen, 100 g iBi-Pur und dem Zucker gut vermischen. Die Masse auf dem Kuchenboden verteilen. Den restlichen Teig ausrollen und damit die Füllung bedecken.

4 Mit einer Gabel mehrmals einstechen. Den Kuchen im Backofen bei 170° C weitere 30 Min. backen. Die Zutaten für die Glasur glattrühren und auf dem noch warmen Kuchen verteilen. Mit Mandelblättchen bestreuen.

Mohn-Kuchen

Für 1 Kuchen

Für den Teig:

Rezept wie oben

Für die Füllung:

250 g Blaumohn, gemahlen

1 l Reismilch

50 g Weizenstärke

60 g Weizengrieß

Zubereitungszeit:

ca. 1,5 Stunden

1 Den Kuchenboden wie oben beschrieben vorbereiten. Den Mohn mit der Reismilch ca. 15 Min. weichkochen. Die Weizenstärke mit etwas kalter Reismilch anrühren und mit dem Weizengrieß in die kochende Mohnmasse einrühren.

2 Die Mohnmasse kurz aufkochen lassen, auf dem Kuchenboden verteilen und den Kuchen weitere 30 Min. im Backofen fertig backen.

Erdbeer-Torte

Für den Biskuit-Teig:

200 g feines Weizenmehl

120 g Zucker

1 Päckchen Vanillezucker

3 TL Backpulver

6 EL Sonnenblumenöl

1/4 l Mineralwasser
mit viel Kohlensäure

Schale von 1 unbeh. Zitrone

Für die Erdbeercreme:

180 g iBi-Pur

100 g Erdbeermarmelade

Saft von 1/2 Zitrone

80 g Zucker, 10 ml Amaretto

Für die Dekoration:

1 Schälchen frische Erdbeeren
oder verschiedenes Obst

1-2 EL Mandelblättchen

Zubereitungszeit:

ca. 1 Stunde

1 Die Zutaten für den Biskuit-boden zu einem dickflüssigen Teig gut verquirlen. Die Masse in eine gut eingefettete und mit Semmelbröseln ausgestreute runde Backform geben.

2 Den Biskuitboden im vorge-heizten Backofen bei 160-170° C 20 bis 25 Min. backen. Aus der Form stürzen und abküh-len lassen.

3 Die Zutaten der iBi-Erdbeer-creme mit dem Mixer gut ver-mengen und die Creme gleichmä-ßig über den Biskuitboden vertei-len. Die Ränder mit Mandel-blättchen bedecken.

4 Die Erdbeeren bzw. das Obst gut waschen und putzen und den Kuchen damit belegen. Belie-big mit Torten-Creme (siehe unten) dekorieren.

Torten-Creme

Für 4 Personen

250 g Margarine

200 ml Kokosmilch

100 g Zucker

30 g Weizenstärke

10 ml Amaretto oder Rum

Zubereitungszeit:

ca. 30 Minuten

1 150 ml Kokosmilch mit dem Vanillezucker zum Kochen brin-gen. Die Weizenstärke in den rest-lichen 50 ml Kokosmilch auflösen, hinzufügen und kräftig rühren. Mit Amaretto oder Rum abschmecken.

2 Die Creme kalt werden lassen. Die Margarine (Zimmertempe-ratur) cremig schlagen und löffel-weise die Creme dazugeben, so dass eine luftige Creme entsteht.

Hefeteig-Gebäck

Für 4 Personen

Für den Teig:

500 g Mehl

20 g Trocken-
Backhefe

80 g Pflanzenöl

1 Prise Zucker

1 Prise Salz

200-250 ml Wasser

1 Zitronenschale

Für die Füllung:

500 g geraspelte Äpfel

200 g geraspelte Haselnüsse

1 Prise Zimt

1 TL Vanillezucker
oder Vanillearoma

Für die Puderzuckerglasur:

250 g Puderzucker

Saft von 1 Zitrone

Wasser nach Bedarf

Zubereitungszeit:

ca. 40 Min.

Variante:

Schmeckt lecker auch mit
einer pikanten Füllung als
Party-Gebäck:
Bestreichen Sie den Teig
mit einer herzhaften
Tomatensoße mit
vielen Kräutern.

1 Trockenhefe und 1 Prise Zucker mit 50 ml lauwarmem
Wasser anrühren und etwas gehen lassen. Anschließend alle Zutaten etwas angewärmt einmi-
schen und gut abschlagen, bis
der Teig kleine Blasen wirft und
sich vom Schüsselrand löst.

2 Teig zugedeckt in der Schüssel an einem warmen Ort gehen lassen, bis er etwa 1/3 an Vo-
lumen zugenommen hat. Inzwischen die Zutaten für die Füllung
gut zusammen vermischen.

3 Den Teig ca. 1 cm dick ausrollen. Die Hälfte davon in vier-
eckige Teile schneiden, mit der
Apfelmasse füllen, den Rand zusammendrücken, einschneiden und
in der Mitte zusammendrücken.

4 Die andere Hälfte des Teiges
mit der Füllung bestreichen
und zusammenrollen. Die Rolle in
ca. 1 cm dicke Scheiben schneiden, so dass kleine „Schnecken"
entstehen.

5 Das Hefegebäck auf ein Blech
legen, leicht mit Öl bepinseln
und im vorgewärmten Backofen bei
70° C 10 Min gehen lassen. Dann
bei 170° C ca. 10-15 Min. goldgelb backen.

6 Für die Glasur den Puderzucker mit dem Saft einer Zitrone und bei Bedarf mit etwas Wasser glattrühren. Das Gebäck noch
heiß damit glasieren.

Produktempfehlung

Würzfee - Streuwürze und Gemüsebrühe

Rein pflanzlich, aus 800 g Gemüse/Kräutern. Mit wertvollen Shiitake-Pilzen und mineralstoffreichen Apfelchips.

Die für die Lebe Gesund-Würzfee verwendeten Gemüse und Kräuter kommen aus eigenem, Friedfertigen Landbau (ohne Mist und Gülle, ohne künstliche Dünger, ohne Pestizide).

Um ihren wunderbaren Geschmack und die wertvollen Nähr-stoffe bestmöglich zu erhalten, werden Gemüse, Kräuter, Apfelchips und Pilze schonend getrocknet und erst kurz vor dem Vermischen fein vermahlen. 1 kg frisches Gemüse ergibt 70 g bis 100 g Trockengemüse.

Zum Würzen werden ausschließlich naturbelassenes Stein-salz und frisch getrocknete Kräuter, Gemüse, Wurzeln, Shiitake-Pilze und Obst verwendet.

Frischkräutersoßen:
Bärlauch, Pesto & Co –

Die Lebe Gesund-Frischkräutersoßen sind das, was der Name verspricht:
Aus frischen Kräutern zubereitet. Frische Kräuter in Öl einzulegen und somit haltbar zu machen, erfordert viel Handarbeit und Sorgfalt. Die Kräuter gedeihen im Friedfertigen Landbau und werden von Hand geerntet, schonend zerkleinert und werterhaltend in erstklassigem Oliven- und Sonnen-blumenöl eingelegt.

So bleibt der einmalige Kräuterduft und das volle Geschmackserlebnis von frischem Bärlauch, Basilikum (Pesto), Petersilie oder Schnittlauch erhalten.

Damit haben Sie einen Kräuter-strauß zu Hause, monatelang haltbar - ein Kräutergarten, aus dem Sie das ganze Jahr ernten können.

iBi - das Original

Cremig-frischer Brotaufstrich in vielen Sorten: Tomaten, Paprika, Auberginen, Zwiebeln, Hokkaido, Äpfel - im Spessart in Friedfertigem Landbau gewachsen, erfreut jedes Gemüse durch seinen einmaligen Geschmack und gibt jeder iBi-Sorte ihre unverwechselbare Note.

Die iBi-Aufstriche lassen sich alle ohne viel Aufwand in eine köstliche Soße zu Nudeln, Gemüse und allen Gerichten verwandeln. iBi dient Ihnen auch als Salatdressing, als Dip, verfeinert Suppen, Ihren Kartoffel-Auflauf und kann zum Anbraten verwendet werden von Gemüse, Reis usw.

- reich an mehrfach ungesättigten Fettsäuren, Vitamin B1
- nur halb so fett wie Margarine
- rein pflanzlich, vegan
- ohne Milch, ohne Ei, glutenfrei, ohne Soja, ohne Hefeextrakt (wichtig für Menschen mit Allergien)

Achten Sie auf dieses Siegel

Wir können Ihnen hier nur einige wenige Lebe Gesund-Produkte vorstellen. In Lebe Gesund-Qualität erhalten Sie außerdem Brote in vielen Sorten, feine Pasta, Trockennudeln, Soßen, Obst, Gemüse, Gourmet-Suppen, Kräutersalz und Gewürzkräuter, Fruchtaufstriche, Obst- und Gemüsesäfte ...

Fordern Sie den Lebe Gesund-Versandkatalog an, oder besuchen Sie die Internetseiten:

Lebe Gesund-Versand
Gratis-Tel. 0800/122 4000
www.LebeGesund.de

Lebe Gesund
Güter Neu Jerusalem
Wir arbeiten für Natur und Tiere

Unsere Besondere Qualität
Vom Anbau bis zum Kunden

- Aus Friedfertigem Landbau: ohne Mist und Gülle, ohne Nutztierhaltung, ohne chem. Dünger
- Rein pflanzlich
- Ohne Geschmacksverstärker
- Ohne Emulgatoren
- Ohne Glutamatzusatz
- Ohne Hefeextrakt
- Ohne Farbstoffe
- Ohne Konservierungsstoffe
- Ohne ...

Alles kontr. ökol., DE-ÖKO-037

Vegane Volksküche

Leckere Vorspeisen, Hauptspeisen, Desserts

Genießen Sie das Kochen - und die wunderbaren veganen Gerichte! Eine reiche Auswahl an herzhaften Rezepten, schnell gemacht - schnell gekocht, aus der beliebten TV-Sendereihe „Vegetarische Volksküche": Kochen mit Freude und Genuss - und ohne Tierleid.

Mit diesem Kochbuch zaubern Sie in kurzer Zeit auch nach einem arbeitsreichen Tag eine schmackhafte und leckere Mahlzeit.

Bei den meisten Rezepten finden Sie den QR-Code, mit dem Sie die dazugehörige TV-Sendung direkt über Ihr Smartphone aufrufen und beim Kochen parallel den TV-Köchen über die Schulter schauen können.

168 S., kart., 24 x 23 cm. Best.-Nr. S 464, ISBN 978-3-89201-355-6. Euro 19,90

Italienisch vegetarisch

Die ideale Kombination für eine gesunde und schmackhafte Küche mit vegetarischen Gerichten; viele Rezepte sind vegan oder bieten Ihnen eine vegane Alternative.

Der italienische Fernsehkoch Claudio Panozzo stellt in diesem Buch zur Sendung viele Highlights der exquisiten vegetarisch-italienischen Küche vor, z.B.: köstliche Antipasti, Gemüsegerichte in vielerlei Variationen, frische, hausgemachte Pasta und Desserts …

Mehr als eine Rezeptesammlung: eine kulinarische Reise durch die italienische Küche.

144 S., kart., 24 x 23 cm. Best.-Nr. S 452, ISBN 978-3-89201-289-4. Euro 19,80

Vegetarisch essen - Krankheit vergessen?

Wer ist der Krankmacher? Ein ärztlicher Ratgeber

Fleisch und Wurst sind Krankmacher - sowohl für den einzelnen Menschen als auch für die Ökosysteme des Planeten Erde.
In diesem Buch werden verschiedene Fakten über die Fleischproduktion und ihre Konsequenzen für die Umwelt sowie der Anteil des Fleischverzehrs an der Entstehung verschiedener Zivilisationskrankheiten vorgestellt.

76 S., kart., Best.-Nr. S 453. ISBN 978-3-89201-287-0. Euro 9,80

Vegetarisch essen - Fleisch vergessen

Ärztlicher Ratgeber für Vegetarier und Veganer

Vegetarische und vegane Ernährung - auch aus medizinischer Sicht die beste zu empfehlende Ernährungsform; mit vielen Detailinformationen darüber, was dabei zu beachten ist. Mit Fallbeispielen.

96 S,, Best.-Nr. S 450. ISBN 978-3-89201-239-9. Euro 9,80

Gabriele-Verlag Das Wort

Mensch, Natur und Tieren

Das Leben mit unseren Tiergeschwistern

Du, das Tier - Du, der Mensch

Wer hat höhere Werte?

Wussten Sie, dass Tiere über Schnupperbilder den Duft unserer Empfindungen, Gedanken und Worte aufnehmen - und sich entsprechend verhalten? Liobani, ein Geistwesen, lehrt uns, unsere Übernächsten zu verstehen, sie als Freunde zu achten, und zeigt uns, wie wir in rechter Weise mit ihnen umgehen. Ein wertvoller Ratgeber für jeden Tierfreund.

128 S., kart., mit Fotos
Best.-Nr. S 133. ISBN 978-3-89201-227-6. Euro 10,00

Lebe mit mir

Ich bin ein Bewusstseinsaspekt in deiner Seele

Durch jeden Baustein der Natur strahlt uns die Schönheit und Vielgestaltigkeit der Schöpfung zu: „Lebe mit mir - ich bin ein Bewusstseinsaspekt in deiner Seele!"

Die Motive dieses Buches stammen von dem Land des Friedens, das die Internationale Gabriele-Stiftung im Herzen Deutschlands aufbaut. Sie möchten uns eine Ahnung vermitteln - von der Einheit allen Lebens, allen Seins.

206 S., geb., Bildband, Internationale Gabriele-Stiftung
Best.-Nr. W 272. ISBN 978-3-00-040922-6, Euro 35,00

Vegetarier - gottlose Ketzer?

Was Fleischesser und Vegetarier gleichermaßen wissen sollten

Dem Menschen bringt der Fleischkonsum Übergewicht und Krankheiten, den Tieren unsägliche Quälereien. Zurück bleiben abgeholzte Regenwälder, vergiftete Böden und Gewässer - und eine fortschreitende Klimakatastrophe. - Wer hat uns das eingebrockt? Wer den Blick schärft, findet den Berufsstand, der schon vor Jahrhunderten den Grundstein für die brutale Missachtung des Lebens gelegt hat - und diese „Tradition" bis heute hoch hält. Wer dabei nicht mitmacht, gilt nach wie vor als „Gottloser Ketzer".

144 S., kart.,
Best.-Nr. S 463. ISBN 978-3-89201-345-7. Euro 12,90

Lasst die Tiere leben!

Was sagen Große Geister?
Was sagte Jesus von Nazareth?
Was sagt die Gottesprophetie heute?

Eine Sammlung von Zitaten großer Geister, von Pythagoras über Einstein bis hin zu berühmten Zeitgenossen - sowie Aussagen der großen Gottesprophetie heute, gegeben durch Gabriele.
Sie alle plädieren für eine geistige Evolution der Menschheit: die Ehrfurcht vor allem Leben.

108 S., kart., mit Farbbildern.
Best.-Nr. S 461. ISBN 978-3-89201-327-3. Euro 14,50

Tiere klagen - der Prophet klagt an!

Gabriele, die Prophetin und Botschafterin Gottes in unserer Zeit, verleiht den Tieren eine Stimme, die auch zu Ihrem Herzen sprechen möchte.

Broschüre, 160 S., mit Farbbildern
Best.-Nr. P015. **Gratis**

Der Mord an den Tieren ist der Tod der Menschen

Das Maß ist voll! Die Ausbeutung und Verunreinigung der Erde, das Töten und Quälen von Millionen von Tieren hat massive Auswirkungen auf das Leben der Menschen ...

60 S., Best.-Nr. P016
Gratis

Esst kein Fleisch! Warum?

52 S., **Gratis**